変容期を生きる
児童・生徒を育てる
算数・数学

小・中・高の教育現場、教員養成系大学に向けて

町田彰一郎 著

東洋館出版社

はじめに ―「変容期を生きるとは」―

　筆者が大学を出て，数学教育の世界へ入り込んだとき，社会は工業化社会から情報化社会への移行期にあった。象徴的な出来事は，米国で起こり世界に浸透した「数学教育の現代化」運動であった。「現代化」とは，工業化社会の成立とともに生まれ工業化を牽引してきた「現代数学」を，工業化の終焉から新たな情報化への転換を迎えるにあたり，すべての子どもたち，若者たちへ，その精神を伝えようとして起きた数学者主体の教育運動であった。この時代を現在の視点から見ると，均質な製品の大量生産の時代としての第2次産業革命から，大型電子計算機から個人がいつでもどこでも利用できる PC（Personal used Computer）とデジタル社会の象徴としてのインターネットの出現による第3次産業革命の成立期であった。

　日本における第1次産業革命の時代とは，江戸後期から明治維新の頃を指し，それは，当時の先進国，西洋諸国が工業化の波の中で世界の植民地化を目指して活動しているとき，さらに蒸気機関車や郵便で象徴される近代国家の成立を目指す時代でもあった。教育界としては，現在小学校1年生でも知っているような数字や筆算を誰も知らない当時の日本人が，学校制度はまだなかったが日本の各地で自立的に作った「地域の学び舎」を通して，庶民の間にも根付いていた算盤と算額などについて自立的に交流し合いながら，近代国家として成長していく時代でもあった。詳細は，本書でも取り上げるが，日本各地で起こったこの教育運動は，「日本的教育」の礎をつくったといえる。

　では，今日の変容期は，それは，第4次産業革命期といえる。VR（リアルとバーチャル）の融合社会，人と人のインターネットからものとものとのインターネットへの時代（IoT，ロボットの時代），ChatGPT で表現される生成 AI の時代。ソーシャル・ネットワークで

つながれ，部屋の中でささやかれる仲間同士の話が全世界に広がり，その信憑性の判断が非常に難しい世界になりつつある。算数・数学は「正しいものは正しい，間違いは間違い」と判断できる資質・能力を養うものといわれている。しかし，受験勉強でも算数・数学の中では，与えられた知識を覚え，それを短時間で活用する術との意味合いが強く，数学のもつ本来の意味が失われてきている。第4次産業革命期にあっては，数学のもつ「正しいものは正しい，間違いは間違い」と感じる能力の育成がより強く求められている。それに対して，算数・数学が単に紙と鉛筆で既存の数式を学び，難問を解くというだけでなく，現実の事象を科学の言葉＝算数・数学を使って自らの立場から判断し，思考していく態度の育成が必要になるだろう。

今日の学校教育の中では，STEAM 教育や，主体的・対話的で深い学び，自立・協働などが謳われているが，それらも解決策の1つといえる。しかし，いまだ教育内容の新たな改革がなされておらず，変容期に沿った算数・数学教育とはどのようなものかについての論議がなされていない。

本書では，第1次，第2次の産業革命期での先達の活動を振り返り，第3次，第4次のそれぞれの時代において必要となる算数・数学教育とは何か，提案してきた著者の試案，論文の中から紹介し，以上の問題を考えていきたい。

最後に，本書の作成にあたり査読をいただいた元埼玉県公立学校校長関根宏先生，出版に際し，お世話になった東洋館出版社編集部の畑中潤部長，同じく編集部の唐本信太郎氏に感謝の意を表します。

目　次

第1編　江戸の人は工業化にいかに対応したのか　　1

第1章　算数・数学教育の礎をつくった「毛利重能」「吉田光由」　1
　1.1　毛利重能の『割算書』　　1
　1.2　吉田光由の『塵劫記』はどう作られたのか　　4

第2章　江戸の数学を完成させた関孝和とその弟子たち　11
　2.1　関孝和の足跡をたどる　　11
　2.2　関孝和の弟子たちの活躍　　13
　2.3　藤田貞資（1734-1807）の「無用の用」　　17
　2.4　数学教育の実践者　千葉胤秀（1775-1849）　　18
　2.5　利根川開拓と和算教育の広がり　　19
　2.6　井澤弥惣兵衛の業績　　21
　2.7　伊能忠敬とその影響を受けた全国の和算家たち　　23
　2.8　変容する社会の中，地域の教育を支えた学び舎　　26

第2編　「数学教育現代化」は工業化をいかに脱しようとしたのか　　33

第1章　「数学教育現代化」とは　33
　1.1　「数学教育現代化」はどのような時代背景の中で生まれたのか　　33
　1.2　「数学教育現代化」は米国の学校現場にどのように導入されたのか　　39
　1.3　「数学教育現代化」：日本の学校現場で行われた教育　　44

第2章　「数学教育現代化」運動をどう引き継げばよいのか　50
　2.1　現代化の時代に残された教育内容　　50
　2.2　アフィン変換の教材化　　54

第3編　複雑系社会観が算数・数学教育に与える影響とは　　59

第1章　第4次産業革命期での複雑系社会観　59
第2章　複雑系社会下で算数・数学教育に求められるもの　63
　2.1　複雑系社会論　　64
　2.2　ロジスティックモデルの事例　　67
　2.3　複雑系社会における教育への5つの課題　　69

第4編　科学の言葉＝算数・数学で明らかにする草花の自立・協働　　73

第1章　草花たちが身に付けている算数・数学　73

1.1	線対称な形，120°ずつ回転する形の葉	73
1.2	線対称な形をもつ葉	73
1.3	円を五等分する花	75
1.4	偶数の花びらをもつ花	75
1.5	もっと多くの対称軸をもつ花	76
1.6	中心からずれて円を描く葉	77
1.7	円を目指す草花たち	78

第2章　草花にひそむ "しきつめ模様" 80

2.1	クローバーは円をひし形でつくる	80
2.2	草はどんな五角形で平面を敷き詰めようとしているのか	83

第3章　草花たちの相似―曲線図形の相似とは？― 86

3.1	直線図形の相似	86
3.2	曲線図形でつくる相似	87
3.3	カーブの曲がり具合を測る曲率	88
3.4	相似な曲線図形を描く葉	89
3.5	数学の話題から	90

第5編　GIGA スクール時代の「数と計算」　93

第1章　位数モデルと基数モデル 93

第2章　9の段の九九表から "きまり" を探る 99

第3章　電卓と筆算を同時に使った計算 102

第4章　筆算とパソコンを使って数のきまりを見つける試み 104

第6編　新型コロナ感染状況調査を題材とした
PBL（Project/Problem Based Learning）事例　109

第1章　PBL とは 109

第2章　PBL のための ICT の活用 111

2.1	度数分布表から折れ線グラフ，相関図，相関係数へ	111
2.2	7日間移動平均による統計グラフのスムージング	113
2.3	第4波から第8波までのグラフの時系列分析の表示	115
2.4	歴史的な感染症パンデミック	116
2.5	データから何が読み取れるのか	120

第3章　まとめ 123

第7編　リスクを捉え，リスクに対処できる市民の育成をめざす学校数学　125

第1章　リスクを捉えリスクに対処する市民の数学とは 125

目　　次

1.1　自然の摂理にしたがって生きてきた社会	125
1.2　数学がリスク記述言語として意味をもつとき	127

第2章　リスクを表現する言語としての数学教育とは 129

2.1　数量の関係的把握 129

第8編　今，算数・数学教育はどこにいるのか。私たちは，これから何をしたらよいのか　135

第1章　近代化以前の日本の算数・数学教育はどのような特徴をもっていたのか ... 135

第2章　工業化社会への算数・数学教育の移行はどのように進められたのか ... 138

第3章　高度科学技術化社会に応じる算数・数学教育はどのように進められたのか ... 143

第4章　社会の情報化によって提起された課題は何か。これをどう乗り越えたらよいのか　146

第9編　社会とつながる算数・数学探し　153

第1章　「見えること」と「見ること」 153

第2章　1点で交わる直線は互いに平行？ 155

第3章　身近な事象に算数・数学を使って判断する力：時速・秒速 —風速を例に—　157

第4章　金環日食を算数の目で見る 161

第5章　曲線図形の相似—ティラノサウルスの大きさを実感する— 165

第6章　緯度・経度から測る地球上の2地点間の距離 170

第10編　学校変革期における教員養成の在り方 —教員養成において算数・数学教育に求められるもの—　177

第1章　今日の社会変容が教育に求めている課題「文理融合の推進」 177

1.1　変容する社会の背景にあるものとは 177

1.2　EBPM（科学的根拠に基づいた主張） 178

1.3　Blended Learning，PBL（Project/Problem Based Learning） 178

第2章　時代に対応する数学科教員養成の在り方 181

2.1　これからの算数・数学教育に求められるもの 181

2.2　学校現場，教員養成系大学・学部における科学的コミュニティ」づくり ... 181

v

【引用・参考文献一覧】

1. p.31-32, 1-74
2. p.72, 1-13
3. p.108, 1-5
4. p.123, 1-2
5. p.176, 1-4
6. p.187, 1

第1編 江戸の人は工業化にいかに対応したのか

第1章

算数・数学教育の礎をつくった「毛利重能」「吉田光由」

1.1 毛利重能の『割算書』

　毛利重能は1622年日本で初めて『割算書』を著し，和算を広めたという。この「和算の祖」毛利重能を祀ってある算額神社は，兵庫県のJR甲子園口駅近くの熊野神社の境内にある。世界で『割算書』を初めて書いた人は，16世紀中頃のドイツ人アダム・リース（Adam Ries, 1492-1559）で，「ブレーメンの音楽隊」で有名な商業都市ブレーメンの人である。

　算額神社の脇に，毛利重能の業績を称えた平山諦博士による碑文がある。

資料1

> 毛利勘兵衛重能は瓦林の住人である。のちに，京都に移り，吉田光由，今村知商，高原吉種などの多くの弟子を養成した。当時の数学を集大成し，元和八年割算書を著わして，そろばんの除法，金銀，売買，両替，無尽，利率，面積，体積，比例などの日常の算法を広め，わが国の数学の道を開いた。　　　　（昭和17年10月10日）

1

資料2

資料3

×	4	2
2	(百)8	(十)4
3	(十)12	(一)6

それまでのわが国における「日常の算法」とは，どのようなものだったのだろうか。日本人は奈良時代にはすでに九九を知っていた。それは，万葉集に「足引乃，許乃間立八十一，霍公鳥」(大伴家持) など，八十一と書いて「くく」と詠ませたり，三五月と書いて十五夜，「もちづき」などと詠んでいたことからわかる（下平和夫）。これらは，奈良時代に中国から日本に入ってきた九九が実用を離れ，口遊として貴族の教養の1つとなった例である。

また，奈良時代の人は，42×23を左上の図のように棒を縦横に置いて，その交点を数えるだけで計算ができた。

（百）が8,（十）が12 + 4 = 16,

（一）が6，したがって，966。

そこに，イタリアの宣教師カルロ・スピノラ (Carlo Spinola, 1564-1622) が日本に来て，毛利重能に数学を教えたとされる。スピノラから吉田光由までの数学，和算の発展の流れは次のようになる。

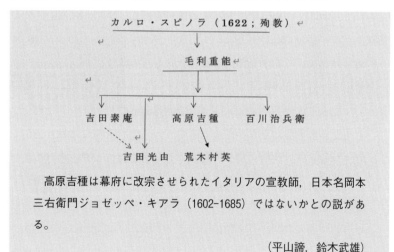

高原吉種は幕府に改宗させられたイタリアの宣教師，日本名岡本三右衛門ジョゼッペ・キアラ (1602-1685) ではないかとの説がある。

(平山諦，鈴木武雄)

第1章　算数・数学教育の礎をつくった「毛利重能」「吉田光由」

　宣教師ジョゼッペ・キアラ（Giuseppe Chiara）は，捕らえられ，拷問を受け改宗させられ，東京都茗荷谷の拓殖大学正門近くにあった切支丹御用屋敷（宗門改役井上筑後守政重下屋敷）に幽閉され，岡本三右衛門という名で日本人の妻とともに生活し亡くなった。現在，近くの伝通院墓地の片隅に宣教師の帽子を思わせる墓石とともに記念碑が立っている。

資料4

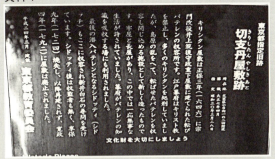

資料5

Gerhard Becker "Materialien & Studien zur Alltags geschichte und Volkskulutur Niedersachsens Das Rechnen mit Munze, Mass und Gewichtseit Adam Ries", Schuleinschrei bebucher aus Niedersachsen, 1994の表紙より

　当時の西洋はどうだったのだろうか。アダム・リースが『割算書』を

3

書いた当時の雰囲気は，上図のように Becker 教授の本（参考文献54）の表紙に示されている。副題には「アダム・リースによる貨幣，測量，重量の計算」とある。この表紙の左下の人物は，当時ドイツに導入され始めたインド・アラビア数字（算用数字）を使った計算をしている。右下の人物たちはジェトンを使って，算盤による計算を行っている。日本では，ここまでには至っていなかった。算用数字を日本人が使い始めるのは明治になってからである。その代わり，庶民でも算盤を使って計算ができていた。

1.2 吉田光由の『塵劫記』はどう作られたのか

京都の渡月橋から歩き出し，常寂光寺，祇王寺，落柿舎から二尊院への道のりは，京都観光の定番といえる。写真の畑の奥，落柿舎は松尾芭蕉が訪れたことでも有名である。常寂光寺の山門の脇には，有名な『塵劫記』（じんこうき）の著者吉田光由（1598-1672）の記念碑が建っている。

資料6

資料7

資料8

第1章　算数・数学教育の礎をつくった「毛利重能」「吉田光由」

塵劫記の著者吉田光由幼名与七のち七兵衛久庵と号した。京都嵯峨の角倉家の一員である。寛文十二年十一月二十一日没壽七十五…（詳略）…数種の塵劫記を刊行し草創期のわが国算学の発展に貢献した。以後の珠算書及び算学書はほとんどこれにならった。また，兄光長とともに数学と土木技術を駆使し菖蒲谷隧道を通して嵯峨の地をうるおした。塵劫記刊行三百五十年を記念し角倉家ゆかりの常寂光寺境内にこの顕彰碑を建てる。

昭和52年10月10日

『塵劫記』は上・中・下の３冊が出ており，現在でいう大判のグラビア誌のようで，初版当初は土木，建築，測量などに必要な数学を扱い実用書のようであった。版を重ねるごとに，継子立てのような，数学的な見方・考え方を育む問題も加わっていった（引用・参考文献２）。

資料９

吉田光由『塵劫記』（上・中・下）

一例を挙げれば，資料10は，松の木の高さを測るのに，懐紙を折って直角二等辺三角形を作り，地面に手をついて45°の場所を探せば，木の高さは地面の長さとして測れるというアイディアを述べている。

資料10

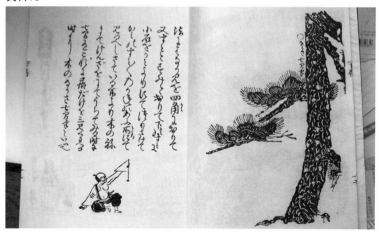

『塵劫記』（下）

　『塵劫記』の内容をみると，数学書というよりも，治水工事の専門家である吉田光由の著であることから，実用数学ハンドブックといったほうがよい。かつての日本の数学＝和算書は，ヨーロッパと異なり，科学的・論理的学術書とはほど遠い実用数学が多い。和算家には久留米藩主の有馬公のような人もいるが，測量を担当する役人や農民・町民など各階層も多かった。

　この本は，江戸から明治にかけて，様々な人々によって続編が出された，日本の数学教育の根幹をなす本といえる。『塵劫記』には，開平，開立の求め方の具体事例の提示といえるものがあったり，「人口の予測を求める問題」があったりする。扱われる数値は，あまり現実的ではないようにみえるが，この種の問題をさらに進め理論化した人物として，ヨーロッパにおいては，イギリスのウイリアム・ペティ（William Petty, 1623-87）がいる。1690年に彼の『政治算術』が出版され，これは当時の市民社会の分析を試みた書籍であり，統計学の始まりといわれる。

　『塵劫記』ではそこまでの内容は扱っていないが，朱印船で中国と交易をしていた角倉了以とその子，素庵とともに少年・青年時代を過ご

してきた吉田光由にも，こうした近代経済学的，統計学的精神の素地はあったと思いたい。ペティやヨハン・ペーター・ズュースミルヒの『神の秩序』のように，その調査結果を為政者にまで伝える環境は当時の日本には整っていなかったのだろう。

『塵劫記』は江戸時代の和算家たちへ世代を超えて読まれ，受け継がれ，そこから新たな和算の理論が生まれていった。その名は今もって中学校などの数学の教科書に載っている。

資料11

『塵劫記』は，吉田光由の手によるが，中国の数学者，程大位（1533-1598頃）資料11の『算法統宗』を参考にして書かれたとも言われている。

吉田光由は京都の代官で治水工事を担当しており，保津川の治水，朱印船による中国との交易で有名な角倉了以の一族である。

筆者は，光由の一族の墓が二尊院にあると聞き，そこを訪ねた。たしかに，角倉了以の像が立っていた。さらに奥へ上がると，角倉家と吉田家の墓が並んでいる。まず，角倉了以の墓が目に入る。しかし，何回か訪れたものの，吉田家の墓が並んではいるが光由の墓は見つからなかった。ただ，手前には墓石に名前が削られている墓はあった。

2013年3月，思わぬことから，吉田光由の墓が実は以前からあり，ただ名前が削り取られているだけだという情報を得た。京都の吉田光由悠久会の方々が発見したという。

なぜ，墓石から名前が削られていたのだろうか。角倉了以の一門なら財閥の家であるはずだ。しかし筆者の認識が間違っていた。中国の『算法統宗』は角倉了以や師匠の毛利重能から吉田光由のもとへわたっていたと考えられていたが，そうではなかった。『塵劫記』の序文に次のよ

第1編　江戸の人は工業化にいかに対応したのか

うな文がある。

　『塵劫記』は上・中・下巻があるが，上巻はじめに，寛永4年　丁卯秋日に玄光という人物が序文を書いている。そこには，次のような文がある。

　　算数の代におけるや誠に得がたく，捨てがたきはこの道なり。しかれども代々この道衰えて，世に名ある者少なし。しかあるに，我まれにある師につきて，汝思の書をうけて，これを服飾とし，領袖として，その十二を得たり。その師に聞ける所のもの，かき集めて十八巻となし，その一，二，三を上中下とし，……

　　　　　　　　　　　　　　（『塵劫記』下二七，大矢真一他　昭和52年）

『塵劫記』現代活版，p.1（『塵劫記』全三巻付，1　現代活版　1冊，2　論文集　1冊）
（『塵劫記』刊行350年記念　顕彰事業実行委員会　委員長　大矢真一，大阪教育図書株式会社，1977）

　上記の一文には，吉田光由が，ある人と交流をしており，18巻もの書を携え，書の名と本の解説を求められたことがわかる。

　その本とは，中国の程大位が書いた『算法統宗』であるといわれている。この，「ある人」との出会いとは，スペインから来たキリスト教宣教師カルロ・スピノラのことではないか，とされる説が有力である。『塵劫記』の現代訳と解説については，和算研究所の『塵劫記　JINKO-KI』（「序文」彌永昌吉，p.36，ICME2000記念出版）を参照されたい。以上のような捉え方は，平山諦著『和算の誕生』（恒星社厚生閣，2001）にもみられる。毛利重能も同じく宣教師から中国経由の数学を学んでいた。幼かった頃から，師事をしていた吉田光由も同じ影響をしており，そればかりでなくキリスト教徒になっていたという。

　光由は，1627年に熊本藩（細川忠利候）に招かれ，さらに，大分の豊後高田，香々地夷谷に移り，村人の支援のもと渓口庵（稽古庵）とい

う塾を開き，光由を慕ってこの地まで来た弟子の渡辺籐兵衛と共に村人に数学を教え，1672年に亡くなった。

　光由が大分にいた頃，幕府は万治2年（1659），耶蘇教禁止令を出しキリシタン弾圧を始め，スピノラらは幽閉され殉教した。

　実際，筆者はこの事実関係を調べるために，大分の豊後高田夷へ向かい，この分野の専門家芳本清一郎元教育長を訪ね，氏の案内で，その墓に出合うことができた。その墓は白墓だった。光由を頼って来たという弟子の渡辺籐兵衛の墓も近くにあった。それらの墓の入り口に次の碑文がある。

資料12

市指定史跡
伝　吉田光由の墓
　　渡辺籐兵衛の墓

大字夷字台林
寛文の頃

吉田光由は江戸時代初期の大数学者で，主著は有名な塵劫記である。晩年熊本の細川侯に仕えていましたが，そこを辞してから諸国を漫遊していました。夷の地に来て風光と人情が気に入り，稽古庵という塾を開いて当地の子弟を教育しました。

しばらくして吉田光由の門弟渡辺籐兵衛が師を探し求めて夷に来ました。吉田光由は寛文十二年亡くなりましたが，その墓がこの無銘の墓だと伝えられています。

渡辺籐兵衛は宝永四年に亡くなりました。その墓に見られるとおり法名俗名等はっきり刻まれています。

豊後高田市教育委員会

　以上のように，『塵劫記』をはじめ，当時の和算の始まりは，ヨーロッパの宣教師が東南アジアの諸国から中国を経て，江戸初期に日本にもたらしたものだった。

第1編　江戸の人は工業化にいかに対応したのか

【吉田光由の『塵劫記』ができるまで】

慶長 7 年（1602）	イタリア宣教師　スピノラ来日
慶長 8 年（1603）	家康将軍となり，秀吉が禁じたキリシタンの禁令を緩める
慶長 9 年（1604）	スピノラが京都に来て，天主堂で天文学講義（7年間）吉田光由（7歳），吉田素庵（34歳）共に学ぶ
慶長16年（1611）	禁教令　スピノラ 京都を去り長崎へ　素庵41歳，光由14歳，毛利重能も共に学んでいた
慶長18年（1613）	幕府 耶蘇教に対し全国禁教令
元和 4 年（1618）	12月13日スピノラ，長崎にて捕らえられ入牢
元和 8 年（1622）	9月10日 スピノラ殉教，毛利重能　初春『割算書』初版，百川治兵衛 2 月『諸勘分物』発行
寛永 4 年（1627）	光由の『塵劫記』（4巻）初版
寛永 8 年（1631）	初冬 光由『塵劫記』 3 巻本再版，色刷り

第2章
江戸の数学を完成させた関孝和とその弟子たち

2.1 関孝和の足跡をたどる

　右図は平成4年（1992）に発行された関孝和の記念切手である。

　関孝和は1637年に生まれたといわれ，奇しくもニュートン（英）（1642），ライプニッツ（独）（1646）と同時代を生きた数学者である。

資料13

　関孝和のよく知られた銅像は，群馬県藤岡市の市民ホール前の公園内にある。

　関の『発微算法』は有名であるが，ニュートン，ライプニッツの微積分に関わるものというのは誤った情報である。「発微算法」というのは，今までの算盤と算木による計算主体の和算に対して代数的な手法を開発し，複数の未知数を含む高次方程式を紙の上で変形しながら1つの未知数の高次方程式に直し解を求める方法（ある意味での行列式）であり，関が開発し，延宝2年（1674）に『発微算法』として発表した。これに解説を加え書き改めて，貞享2年（1685）

資料14

第1編　江戸の人は工業化にいかに対応したのか

『発微算法演段諺解』として出版したのが，弟子の建部賢弘である。さらにこの方法は弟子たちによって，中国から渡ってきた計算主体の「天元術」に代わり「点竄術」（代数）と名付けられ，鶴亀算などの解法の説明に使われるようになったという。

　ニュートン，ライプニッツと比べられる関ではあるが，無限についての考えはもっていなかった。

　ただ，関孝和とその弟子建部賢弘，井関知辰たちは，代数的な表現を駆使し，2元，3元，4元，5元の連立方程式を解いた。こうした計算は，実質的には行列式による計算となるので，西洋人より早く行列式の解法を見つけたと言われている。また，高次方程式の解法を見つけ，それを利用し，正13角形の1辺の長さを1として，それに外接する円の半径を求めるなどを行い，11桁までの円周率3.1415926535を正しく求めたという。しかしながら，この天才関孝和，その職をみると，勘定吟味役，御納戸役組頭，小普請役とどちらかというと，測量などに関連する実務的な役職であった。ニュートン，ライプニッツのように，学者・哲学者としての処遇が与えられていたわけでない。

　群馬県の光徳寺の墓に行くと立派なお墓が建っており，そばには昭和58年に建てた墓誌がある。しかし，関の墓は東京神楽坂の浄輪寺にもある。飯田橋駅から地下鉄都営大江戸線に乗り，牛込柳町駅で下車して歩いていける。墓の横には東京都教育委員会の史跡案内があり，以下のような解説がある。

　　　和算を大成した関孝和は，駿河大納言徳川忠長に仕えた内山七兵衛永明の次男として生まれました。出生地や生年は未詳ですが，その後甲府藩士の関五郎左右衛門の養子となり，藩主綱豊が六代将軍家宣となったのちは，幕臣として納戸組頭を務めました。孝和は従来の算木を用いた「天元術」を改良して「点竄術」と呼ばれる筆算式代数学を創案し，和算が高等数学として確立する礎を築きまし

12

第2章　江戸の数学を完成させた関孝和とその弟子たち

た。著述には「発微算法」等があり、宝永五年（1708年）に没した
後は、門人により「括要算法」や「大成算経」等が著され世に「算
聖」と称されました。

2.2 関孝和の弟子たちの活躍

　関流の流れは、荒木村英から山路主住へ、さらに日下誠へ、そして久
留米藩主の数学者有馬頼徸へとつながっていく。ここにはいくつかの流
れがある。建部賢弘、中根元圭は当時、中国から入ってきていた暦が現
実の月食の日とずれていることから、徳川吉宗から新しい暦の作成を命
ぜられ、その作成に挑む中で、禁書であった洋算書輸入への決断を仰ぎ
これを実現した。さらに、彼らによって、今でいう（演段）高次連立方
程式などの一般解への解法が開発され、中国や西欧の数学書を超えた理
論をつくり上げるまでになっていった。

　これに対し、長谷川寛から千葉胤秀一族への流れは、専門的な分野の
開拓というよりも、算術の一般への普及に力点があったといえる。関孝
和（1637-1703）、荒木村英（1640-1718）はほぼ同時期を生きた人たち
であった。それから少し遅れて建部賢弘（1664-1739）、中根元圭（1701-
1761）、山路主住（1704-1772）、有馬頼徸（1714-1783）と続く。

　そのころ、ヨーロッパでは、フェルマー（1601-1665）の次の世代
で、ニュートン（1643-1727）、ライプニッツ（1646-1716）、続いて、オ
イラー（1707-1783）が活躍していたときであった。

　関を有名にした『発微算法』は1674年、沢口一之著『古今算法記』
（1671）の遺題一五問に解を与えたものである。

　この書は当時の人々にはわかりづらく、批判的な立場をとる書も出て
いたこともあり、その後、関の一番弟子建部賢弘がこれを補足するかた
ちで、『発微算法演段諺解』（1685）を著した。

　関流を世に広く知らしめた家元制度をつくり、完成したのは山路主住

13

の代で，問題を出し解答・問のやり取りから点数化し，「見題」「隠題」「伏題」「別題」「印可」五段階の免許制度をつくったと言われている。まだ，今日の学会のような，公的な場でのオープンの発表・交流・評価までには至っておらず，個人的な流派の中での意見交流と流派間の競い合いで止まっていた。

資料15

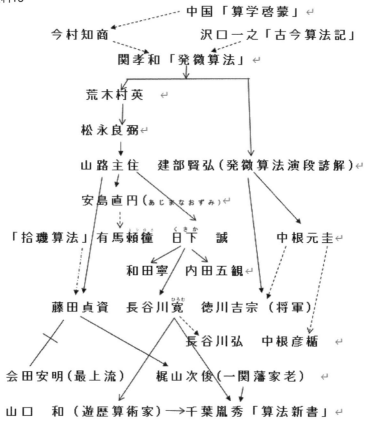

関孝和の数学的業績は，この「発微算法」および「解見題之法」「解隠題之法」「解伏題之法」「開方翻変之法」「開方算式」などにより，文字を使って多次元の連立方程式から変数を取り除いていく手法（これ

が，関孝和の切手の背景に描かれている行列式による解法につながった）．また，微分までいかなかったがニュートンの近似解と同様な手法の開発にある．また，円周率，暦に関連する様々な手法の開発が行われ，弟子の建部賢弘らは，三角関数表，対数表，球面三角法へと進めていった（平山諦他『関孝和全集』，大阪教育図書，1974）．

これらの思考の一端を垣間見るために，「発微算法」の第1問目の次の問題を現代風に文字を使って紹介する（小堀憲『数学の歴史18世紀の数学』，共立出版，1979）．

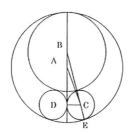

上図のように大円の中に，中円と2つの小円がそれぞれ，外接内接している．大円から中円，小円を取り去った残りの面積は120である．中円の直径は小円の直径より5大きい．このとき，大，中，小の面積はそれぞれいくらか（単位省略）．

「解法」解の方針

小円の直径を x として，中円の直径 z を $z = x + 5$ とし，最後に，大円の直径 y を，大円の面積－中円の面積－2×小円の面積＝120 から求める．

この関係を式で書くと（関は算木と漢字で表現している），

$z = x + 5$ （1）

$\frac{\pi}{4} y^2 - \frac{\pi}{4} z^2 - \frac{\pi}{4} x^2 \times 2 = 120$ （2）

これから，$y^2 = z^2 + 2x^2 + \frac{480}{\pi}$ （2'）

図から，$2\,AB = z - y$ （3），

第1編　江戸の人は工業化にいかに対応したのか

$2\,\mathrm{AC} = y - x$，$2\,\mathrm{CE} = x$　また，直角三角形 ACD で，

$4\,\mathrm{AD}^2 = (y - x)^2 - x^2 = y^2 - 2xy$　（4）

（3）から，$4\,\mathrm{AB}^2 = (z - y)^2$ したがって，

$16\mathrm{AB}^2 \cdot \mathrm{AD}^2$

$= y^4 - 2\,(x + z)y^3 + (4xz + z^2)y^2 - 2xz^2y$　（5）

一方，$\mathrm{BD} = \mathrm{BA} + \mathrm{AD}$ から，$4\mathrm{BD}^2 = 4(\mathrm{BA}^2 + 2\mathrm{BA} \cdot \mathrm{AD} + \mathrm{AD}^2)$

$4\,\mathrm{BD}^2 = (z - y)^2 + 8\,\mathrm{BA} \cdot \mathrm{AD} + (y^2 - 2xy) = (z + x)^2 - x^2$

これを変形して，まとめると，

$4\,\mathrm{BA} \cdot \mathrm{AD} = -y^2 + (x + z)y + xz$　（6）

（5），（6）から，

$(4z^2 + 2xz)^2 y^2 = \{(4z - x)y^2 - xz^2\}^2$

これに，（1）と（2'）を代入すると，x の6次方程式ができる。これを解けば，小円の直径がわかり，中円，大円の直径がわかることとなる。

　このように，多次元の方程式の解法を見つければ，この種の問題は解けることになり，関はこの方法へ関心が向いたようだ。ここでは問題の性質上，すでに解の存在は明らかになっているので，代数方程式の一般解があるかどうかという問題の設定には至っていなかった。数学教育上興味深いのは，円の面積を $\pi\,r^2$ とせずに直径を使って，$\frac{\pi}{4}\mathrm{d}^2$ で表していることである。これは，ライプニッツが級数 $\frac{\pi}{4} = 1 - \frac{1}{3} + \frac{1}{5} - \frac{1}{7} + \frac{1}{9}$ $- \frac{1}{11} + \cdots\cdots$ と表していたことと符合する。この考えは，中学校で急にギリシャ文字 π が登場して，これを3だ，3.14……だとする前に，正方形に内接する円から，$\frac{1}{2} < \frac{\pi}{4} < 1$ を導き，$2 < \pi < 4$ から，π は3より少し大きそうだと感じるのによい例といえる。

　関孝和の代表作には，『解見題之法』『解隠題之法』『解伏題之法』の3冊がある。関の多次元連立方程式を解く方法は，今でいう組立除法（ホーナー法）を使って方程式の解を求めていくものと同じといえる。この方法を確立すると，その発展として，テーラー展開なども使うこと

ができるようになり，和算も実用数学から一歩出て，三角関数や逆三角関数，その無限級数展開，対数，対数表，三角関数表，円周率，球面三角法，無限級数の和，定積分等が扱われ西洋の数学に近い形となっていくが，その扱いは今でいう純粋数学的理論というよりも，実際の計算結果自体に興味をもった展開であったという。その背景には，西洋の技術から影響を受けた天文学，測量学，航海術，暦の作成への応用が背景にあったといえそうである。

2.3 藤田貞資（さだすけ）（1734-1807）の「無用の用」

現在の埼玉県深谷市川本公民館前に藤田貞資の碑がある。

藤田は『精要算法』において，古代中国の荘子の書にある「無用の用」を引用して，以下のように述べた。

資料16

2012年『広報　ふかや』掲載

今の算数に用の用，無用の用，無用の無用あり，用の用は貿易，貸貸，斗斛，丈尺，城郭，天官，時日その他，人事に益あるものすべてこれなり，故に，この書上中二巻は人の最も卑しくと思える貿易，貸貸の類，日用の急なるものにしてしかも，他の諸算書に見えざる我が発明せる術これを載せる。関流の禁秘ことごとく此の術中に見（あらわ）す。無用の用は，題術及び異形の適等，無極の術の類是なり。これ人事の急にあらずといえども，講習すれば，有用の助けとなる。ゆえにこの書下巻は題術の初学に便なるものを，その術文の煩を去り，簡に帰してこれを載せる。この間，異形の適等無極の術を具す。また，大極は算数の本源なるや上中下巻中に具す。

無用の無用は，近時の算書を見るに題中に点線相混じ平立相入る。これ数に迷って，理に闇く，實を棄て，虚に走り貿買貸貸の類

において，算に達した者の首を疾(や)しむるもの知らずして甚だ卑しきこと思い，己の奇巧をあらわし，人に誇らんとするの具にして，實に世の長物なり，故にかくのごときは一もこれを載せず。

（平山諦『和算の歴史：その本質と發展』，筑摩書房，2007より）

藤田貞資の菩提寺は，東京四谷西応寺内の門前近くにある。碑文はなく，藤田雄山先生之墓とある。

2.4 数学教育の実践者　千葉胤秀(たねひで)（1775-1849）

資料17

　　　　　　　花泉駅近くにある一関市役所支所の玄関先に千葉胤秀の像がある。
　東北地方で和算を「教え歩いていた」山口和に出会い，その紹介で長谷川道場に入門し和算を学んだ。支所の銅像横に次の解説が掲げられている。

文政一三年（一八三〇）「算法新書」発刊し藩主に献上。弘化三年一関に算学道場を建てる。常に研鑽を怠らず，教えるに懇切丁寧，師の名声を聞き教えを乞う者日々に加わりその数，数千人に及ぶという。「算法新書」の刊行により，関流和算の初歩から高度の術である円理の法まで，自学を容易なものとし，関流和算の全国的な普及と興隆の礎を築く。（以下略）

（解説　渡辺正巳）

実際に花泉を訪れてみると，この地で，当時3000人もの弟子たちと交流をもっていたという千葉胤秀のエネルギーに圧倒される。関孝和の時代の数学探究の時代から，長谷川寛，山口和，千葉胤秀の時代へは，数学探究から数学教育の世界へと広がっていることが見てとれる。これが

後の，明治時代の，研究派（数学研究を主とする派）と拡張派（数学を学んだ人口を増やすことを主眼とする数学教育派）の違いとして表れてくる。1830年というと，1868年が明治維新（大政奉還）なので，人によっては，社会の変容を感じ取ってきている時代とも言えるかもしれない。

祥雲寺には千葉胤秀の記念碑がある。八幡神社には，多くの算額が奉納されていたらしいが，今では厳美渓の一関市博物館で復元展示してある。

資料18

資料19

千葉算学道場の弟子と算額（後）

資料19の写真の奥に映っている算額は，現在鹽竈神社博物館に収蔵されている。この図は，明治45年（1912）になっても和算の活動が続いていたことを示している。

2.5 利根川開拓と和算教育の広がり

家康は着任早々，信州伊那出身の備前守，伊奈熊蔵忠次（1550-1610）を呼んで，関八州の治水工事，新田開発，河川改修にあたらせた。現埼玉県北足立郡伊奈町には，その城跡がある。現在の川口市赤山にも伊奈半十郎忠治（1592-1653）以後10代目伊奈忠尊（1764-1807）までの陣屋がある。伊奈氏は代々利根川東遷事業，荒川西遷事業を続け，関八州で起こっていた水難の回避に貢献した。

【伊奈氏による主な水田開発事業事例】

天正19年〜慶長9年（1591-1604）	忠次，千住大橋を架橋，備前堀開削
元和7年〜寛永2年（1621-1625）	忠治，利根川・荒川・江戸川改修・新川開削
万治3年（1660）	忠克，幸手用水，葛西用水の開削

資料20

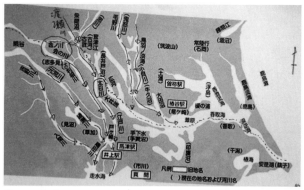

約1000年前の川の流れ（江戸川河川事務所「川の歴史」より（https://www.ktr.mlit.go.jp/edogawa/edogawa00222.html））

　こうした河川開拓事業には，それに従事する多くの技術者がいたはずで，こうした人たちが，伊奈家や井澤弥惣兵衛の見沼代用水開拓，伊能忠敬の測量などに，地域を代表して参加しながら多くの知識・技量を学んでいたことは，容易に察することができる。

　現在の埼玉県にある川越藩では，測量と和算との関係がより鮮明に記述されている。日本に測量術が伝わったのは，寛永年間（1624-1644）の，オランダ人による「縮図を描いてそこから距離を求める術」からであったが，これは秘伝書として伝えられ公にはならなかった。これを広めたのが，村井昌弘で享保18年（1733）に『量地指南』を出した（量とは地面をはかるもの，測とは天をはかるものといわれている）。実際にヨーロッパの数学が紹介されるのは，安政4年の柳河春三の『洋算用法』で，明治になってからは，塚本明毅の『算術訓蒙』（明治2年）と

なる。川越藩の測量技術をもった和算家は，内田五観の弟子の宮沢熊五郎一利で，明治2年には藩の測量算術教師となった。また，その門弟であり，いわゆる農民和算家の斎藤定五郎高重もいる。

長谷川弘の門弟には，鈴木金六郎宗徳（安政4年（1857）に『量地術免許之部』を著した）がおり，関流の流れを汲む戸田高當などは60名以上の弟子をもち，最上流の大田利明の門弟大野旭山などは500名の門弟がいたという。

和算は，主として測量と天文の術として発展してきた。これが明治初年になって全国的な地租改正の中で，多くの和算家たちが活躍する場が与えられることとなる。そうした，技術の数学的な内容としては，藤原善富著『八線対数表術』（文政6年（1823））や小出修喜著『算法対数表』（弘化元年（1844））の著書からわかるように，三角比，三角関数表や対数の計算表であった。

（川越市立博物館「第22回企画展　川越の算額と和算家」「測量術と和算家」（pp.55-63）を参照）

2.6　井澤弥惣兵衛の業績

埼玉県の浦和市見沼区のさぎ山記念公園に下のような銅像が立っている。この銅像の主は，八代将軍徳川吉宗が紀州藩（現和歌山）から用水開拓のために連れてきた井澤弥惣兵衛為永

資料21

井澤弥惣兵衛像
(埼玉県；さぎ山公園内)

資料22

21

第1編　江戸の人は工業化にいかに対応したのか

（承応3年（1654）頃－元文3年（1738））である。

　井澤弥惣兵衛の仕事は，当時の和算の知識を活用し，さらに既存の川の上をまたぐ掛樋，下をくぐらす伏越を取り入れる用水建設であった。今日でいう土木工学や物理の知識・技能が必要であった。

　上から下へ流れる元荒川に対し，右から左へ見沼代用水（利根川から荒川へ）をくぐらせる。今でいう逆サイフォンの原理を活用した用水工事を行った。実際の川はかなり大きく，くぐらせた水が自然に上がって来るために，水を何メートルまで掘り下げられるのだろうか等，水利工学的な知識・技能が求められたことだろう。

　見沼代用水は，享保12年（1727），徳川吉宗が勘定吟味役格 井澤弥惣兵衛に命じ行わせた。県南東部（大宮台地の東南端）にあった見沼溜井を視察し，水源をこれに代わって利根川に求め，総延長約60kmに及ぶ見沼代用水を開拓した。井澤弥惣兵衛は紀州の人で，土木技術にすぐれ，この用水の工事は着工から完成まで，約6ヶ月で完工している。

　将軍吉宗は，科学技術や数学の力を認め，関孝和の弟子たちや杉田玄白，平賀源内などの医学や科学的素養をもった人間たちをも厚遇した。そのきっかけは，享保の改革の実施とともに，当時の暦が実際の日食・月食と異なることから，建部賢弘，中根元圭などの意見を聞いて洋書移入を認め，望遠鏡を作り，天文学を認めるなどの経緯がある。さらに，建部賢弘が吉宗の求めに応じて書いたという，享保7年（1722）に出版した『綴術算経』では，三角比を使って，円に関する諸量を求める「円理弧背術」に関して解説している。

　これらは，後の伊能忠敬の全国測量にも使われた。さらに，建部の三角関数表に続き，航海術のために作られた対数表も導入され，小出修喜による弘化元年（1844）刊の『算法対数表』など，中国やオランダの書の影響を受けた研究が行われ，関連書が出されるようになった。

2.7 伊能忠敬とその影響を受けた全国の和算家たち

　伊能忠敬（延享2年（1745）-文政元年（1818））は千葉の九十九里町に生まれ，佐原村の伊能家の養子となり，村の名主として村のために尽くしていたが，50歳になって江戸の高橋至時に弟子入りをし，寛政12年（1800），55歳のとき，幕命によって17年間全国の海岸線を測量し日本地図を作成した。忠敬は日本地図の完成間近に旅先で病気を患い，73歳，江戸八丁堀で亡くなり，弟子たちが後を引き継ぎ完成させた。

　日本地図は，1次から10次までの海岸線を歩いて行う測量によってできた。1次北海道南部，2次伊豆から東北東岸，3次東北西部・新潟，4次中部・北陸・佐渡，5次紀伊・中国，6次淡路・四国・奈良，7次九州東部・南部，8次屋久島・九州西部，9次伊豆諸島，10次江戸。北海道の北部は，間宮林蔵に依頼して完成した。

資料23

伊能忠敬像
（千葉県：九十九里町伊能忠敬記念公園）

資料24

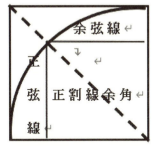

割円八線対数表が忠敬記念館にあるが，これは上図に示す八本の線分を求める三角関数表といえる。

資料25

九十九里町内の伊能忠敬を記念した公園内にある葛飾北斎の絵。忠敬の測量の様子を描いている。

　伊能忠敬が全国の測量をして歩いていたことは，単に測量という意味だけでなく，各地の和算家たちが伊能グループとの意見交流，技術指南を求めて集まっていたといえる。

　たとえば，長野市立博物館学芸員の降幡浩樹氏のHP「伊能忠敬と信州の測量術について」によると，松代藩士の和算家の町田正記と安城(あんじょう)市の水路開発に一生をささげた都築弥厚（1765-1833）が忠敬の測量時にその技術を得たと話し，さらに，都築弥厚の明治用水開拓を支援した和算家石川喜平（1788-1862）との関わり（安城市歴史博物館）や，富山での関流六伝でもある越中の和算家石黒信由（1760-1836）との交流などがあったとされる。

　次の象限儀は，忠敬が実際の測量で用いた道具である。現在それは伊能忠敬記念館にある。

第2章　江戸の数学を完成させた関孝和とその弟子たち

【象限儀】

仕組みは以下のとおりである。

　象限儀の高さ a(m),
　象限儀による角度 α,
　棒の高さ b(m),
　川幅 × tan(α) = b − a
　したがって,
　川幅 = (b − a) / tan(α)

資料26

資料27

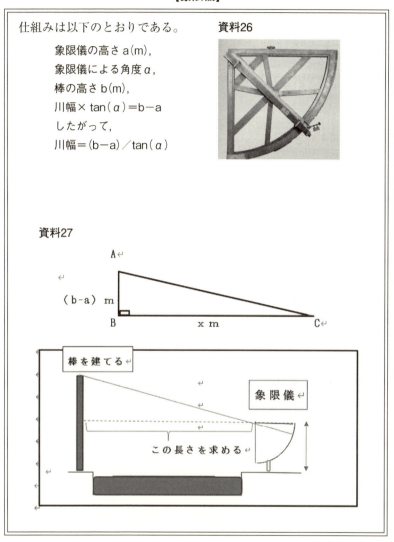

25

2.8 変容する社会の中,地域の教育を支えた学び舎

(1) シーボルト,高橋景保,二宮敬作をつなぐ絆

　松山駅から徒歩1時間,卯之町に申義堂とその横に寺子屋(明治の開明学校)がある。そこでは,商売往来,庭訓往来,百姓往来などの実用的な教科書としての往来物が使われていた。こうした,日常生活に必要なことを学ぶ往来物の教育は,明治期で,また世界でも有数な識字率を誇った日本の教育の素地となったといえる。宇和先哲記念館を経て愛媛県歴史文化博物館へ行く途中に二宮敬作の碑がある。

> 文政二年16歳のときに,志を立て長崎に遊学,同6年蘭医シーボルトに師事,以後六年間,本草学,理学を学ぶ。天保四年30歳で,宇和郡卯之町で医業を開き,藩医に準ぜられる。翁病人に懇切丁寧,貧窮者は金を取らず。安政三年,再び長崎へ赴き,子弟に蘭学を授ける。

(2) 加須市 徳性寺の寺子屋絵馬

　利根川が流れている加須市大越の真言宗徳性寺には,他にあまり見ることができない寺子屋の様子を描いた大きな絵馬がある。

資料28

(徳性寺の絵馬より)

住職によると，この絵馬は，文久4年3月8日（1864）に作られたものだという。ここには女子の筆子が学ぶ様子も描かれており，当時から女性への教育が行われていたことがわかる。学校教育制度は，明治5年（1872）学制発布から徐々に整備されていくが，それ以前に地域の人たちが自らの手で地域の子どもたちの教育を担って行ったという事実は，今日においても見習うべきことであるといえる。

（3）明治の教育改革を支えた「拡張派」の人たち

　明治維新後の近代化は，私塾を経営する和算家によって陰で支えられていたといえる。近代化政策により和算をやめ，西洋数学に切り替えようとしても，実際に，文字式や横書き計算なども含め，これを身に付けているものは誰もいなかった。明治17年頃になって，ヨーロッパに留学していた人たちが帰ってくるまでは，John Perryなどの一部の外国人と，当時の和算家の個人的な努力以外になかった。

　その雰囲気を明治23年（1890）2月に出された上野清主筆『普通数理』第一号から見てみよう。この冊子の出版記念会とも思える「有志数学懇親会」の様子が載っている。名を挙げてみると，松岡文太郎（数理学館）氏を発起人として，時松偉平（数友社），中條澄清（数理社），伊達道太郎（数学問津会），中野善房（数学協会），上野清代理 森喜太郎（小成社），野澤謙輔（益数社），浅野喜正（豊栄学舎）などの人々が名を連ねている。これらの人々の職を見ると，すべて私塾の経営者といえる。こうした人たちが，青雲の志をもって東京へ出てきた若者に対して新しい数学を教え，自らも時代に合う数学を西洋から学び取ろうとしていたことがわかる。この初版の巻頭で，上野清は次のように述べている。

　　然るに学術の進歩を図るには，研究と拡張の二方法をとらざるべからず。……，少数の学者社会に於いて数理を考究し学理の上進を力

第1編　江戸の人は工業化にいかに対応したのか

　むる　之を研究という。多数の学生を養成せんがため普通教育の改
　良を図る之を拡張という。

さらに，

　然而して，当時数学の訳書甚だ乏しく都鄙一般の学生が数理の一般
　を講究するの便を欠きしこと少なからず故に斯学の拡張を図るの急
　務は善良なる原書を訳述するにあり……。

と述べている。
　西洋数学の翻訳を急ぎ，明治17年頃までに微積分まで含めて，一応の
訳を終えたという。
　以下に，いわゆる第1次産業革命下の日本の数学教育に関わる出来事
のうち，本書で取り上げた事例のいくつかを年次ごとに挙げる。

明治8-13年（1875-1880）ジョン・ペリー　工部大学校
明治12年（1879）　　学制を廃止，「教育令」制定
明治18年（1885）　　我が国初めての文部大臣　森有礼
明治19年（1886）　　3月「帝国大学令」制定
　　　　　　　　　　4月「師範学校令」「中学校令」「小学校令」
　　　　　　　　　　勅令，
　　　　　　　　　　5月「教科用図書検定条例」制定
明治35年（1902）　　中学校教授要目 制定
明治36年（1903）　　小学校教科書の国定化（文部大臣　菊池大麓）

　本論は，筆者が平成28年（2016）に書いた以下の文献から多くを引用
して，構成し直したものである。
・町田彰一郎　「日本の『数学教育』の源流を探る―21世紀の変容を乗
　り越える「教育」のために」，三省堂書店2016. 8. 1.

第 2 章　江戸の数学を完成させた関孝和とその弟子たち

【年表】

1591年	天正19年	伊奈忠次　伊奈町小室に陣屋を構える
1596年	慶長 1 年10月	改元
	慶長19年	角倉了以　没
1615年	元和 1 年 7 月	毛利重能著『割算書』出版
1624年	寛永 1 年 2 月	寛永年間を通じて『塵劫記』刊行
1629年	寛永 6 年	伊奈忠治　川口赤山に陣屋を構える
1658年	万治 1 年 7 月	
	万治 2 年	耶蘇教禁止
1661年	寛文 1 年 4 月	
	寛文12年	吉田光由　没　75歳
1673年	延宝 1 年 9 月	
	延宝 2 年頃	関 孝和著『発微算法』
1704年	宝永 1 年 3 月	
	宝永 5 年	関 孝和　没
1711年	正徳 1 年 4 月	
	正徳 3 年	正覚寺寺子屋　純智和尚
1736年	元文 1 年 4 月	
	元文 3 年	井澤弥惣兵衛　没
1751年	宝暦 1 年10月	改元
1762年		ルソー著『エミール』
1760-1830年		英国産業革命
1764年	明和 1 年 6 月	ジェイムズ・ワット　蒸気機関改良
1772年	安永 1 年11月	
1776年		アメリカ独立宣言
1781年	天明 1 年 4 月	
1785年		イギリス　力織機開発
1787年		米　蒸気船開発
1789年	寛政 1 年 1 月	
1787〜1795年		フランス革命
1792年		ガス照明の登場
1801年	享和 1 年 2 月	
	享和 1 年	会津藩校日新館開校

第1編　江戸の人は工業化にいかに対応したのか

		ペスタロッチ「児童教育法」
1804年	文化1年2月	二宮敬作　生まれる（-1862）
1818年	文政1年4月	
	文政1年	伊能忠敬　没（1745-1818）
	文政6年	シーボルト来日
	文政7年	松屋善兵衛他『文政塵劫記大成』刊行
	文政11年	シーボルト事件
	文政13年	遷喬館　児玉南柯　没（1746-1830）
1830年	天保1年12月	改元
		英　中学校数学科確立，米で最初の鉄道
	天保4年	二宮敬作　卯之町にて医師開業
	天保9年	長谷川寛　没（1782-1839）
	天保9年	緒方洪庵　蘭学塾　適塾　開校
1844年	弘化1年12月	
	弘化1年-嘉永1年	森朴齋　平方村で寺子屋
1847年		欧州　経済恐慌
1848年	嘉永1年2月	
		千葉胤秀　没（1775-1849）
	嘉永3年	山口和　没
1853年		ペリー浦賀沖へ来航
1854年	安政1年11月	日米和親条約締結
	安政2年	二宮敬作　宇和島へ
1857年		英　労働学校法（浮浪児の強制収容）
1858年		左氏珠山　大師堂での教育開始
1861年	文久1年2月	米　南北戦争勃発
	文久3年	久伊豆神社矢島慶学　没（1792-1863）
		米　リンカーン奴隷解放宣言（1863）
	文久4年	加須　徳性寺　絵馬完成
1865年	慶応1年4月	
1866-1868年		世界的な経済恐慌
	慶応4年	福沢諭吉　慶應義塾
1868年	明治1年9月	近代日本の誕生
1872年	明治5年	学制令

【引用・参考文献】

1　和算研究所『塵劫記 JINKOKI』，2000.
2　大矢真一他『塵劫記 全三巻』，大阪教育図書，1974.
3　平山 諦，下平和夫，広瀬秀夫『関孝和 全集』，大阪教育図書，1974.
4　日本国際地図学会,伊能忠敬研究会 監修「伊能中図原寸複製 伊能図」,武陽堂.
5　福島和算研究保存会『福島の算額』，蒼樹出版，1989.
6　大竹茂雄『数学文化史—群馬の数学を中心として—』，研成社，1987.
7　片野善一郎『数学と社会』，富士短期大学出版部，1979.
8　渡辺一朗『伊能忠敬測量隊』，小学館，2003.
9　加藤 茂，塚田康平『初の実測日本地図をつくった足跡をたどる 伊能忠敬 歴史の舞台を旅する（4）』，近代日本ツーリスト，1999.
10　平山 諦『関孝和』，恒星社，1959.
11　遠藤寛子『算数少女』，ちくま学芸文庫，2006.
12　佐藤健一『日本人と数 和算を教え歩いた男』，東洋書店，2000.
13　佐藤健一『和算家の旅行記』，時事通信社，1988.
14　小川 束，平野葉一『数学の歴史 和算と西洋数学の発展』，朝倉書店，2003.
15　佐藤健一，大竹茂雄，小寺 裕，牧野正博『和算史年表』，東洋書店，2006.
16　佐藤健一編『江戸の寺子屋入門 算術を中心として』，研成社，2000.
17　川本亨二『岩波科学ライブラリー 江戸の数学文化』，岩波書店，1999.
18　川本亨二『近世庶民の算教育と洋算への移行過程の研究』，風間書店，2000.
19　佐藤健一『数学の文明開化』，時事通信社，1989.
20　塚原久美子『数学史をどう教えるか：算数・数学の授業における数学史活用の目的・方法と実践』，東洋書店，2002.
21　埴原和郎『日本人と日本文化の形成』，朝倉書店，1993.
22　角山 栄『産業革命の群像 現代社会の原点を探る』，清水書院，1978.
23　角山 栄『生活の世界史10 産業革命と民衆』，河出書房新社，1982.
24　多田建次『学び舎の誕生 近世日本の学習諸相』，玉川大学出版部，1992.
25　市川寛明，石井秀和『江戸の学び』，河出書房新社，2006.
26　宮沢康人『世界の子どもの歴史6 産業革命』，第一法規出版，1985.
27　蟹江幸博，並木雅俊『文明開化の数学と物理』，岩波書店，2008.
28　大原 茂『算額を解く』，さきたま出版会，1998.
29　佐藤健一，真島秀行編『関孝和三百年祭記念出版 関孝和の人と業績』，研成社，2008.
30　佐久間纘『算法起源集 續 明治10年』復刻，1968.
31　騎西町教育委員会『きさいの和算』，印刷所 アサヒ活版，1978.
32　小久保明浩『塾の水脈』，武蔵野美術大学出版局，2004.
33　群馬県和算研究会『群馬の算額』，上武印刷株式会社，1987.
34　川村 優『伊能忠敬 見事なり，二度の人生』，河出興産，1994.
35　小島一仁『伊能忠敬 三省堂選書39』，三省堂，1993.
36　渡辺一郎『図説 伊能忠敬の地図をよむ』，河出書房新社，2000.
37　伊能忠敬研究会編『忠敬と伊能図』，アワ・プランニング，1998.
38　平山 諦『和算の誕生』，恒星社厚生閣，2001.
39　平山 諦『和算の歴史:その本質と発展』，至文堂，1961.

第 1 編　江戸の人は工業化にいかに対応したのか

40　高木重之『岐阜県の算額の解説』，西濃印刷株式会社，1986.

41　真島秀行他『江戸期の文化を知る「和算の贈り物」』，文京区教育員会，2004.

42　一関市博物館『10 周年記念誌 和算に挑戦』，2013.

43　川越市立博物館『川越の算額と和算家』，2013.

44　小倉金之助『数学教育史 一つの文化形態に関する歴史的研究』，岩波書店，1940.

45　黒田日出男『絵巻 子どもの登場』，河出書房新社，1989.

46　小倉金之助『数学史研究 第二輯』，岩波書店，1948.

47　中村彰彦，大石学，河合敦，小泉吉永，森村宗冬，樽永，重信秀年，加山竜司，
　　大野俊介『図説 江戸・幕末の教育力』，洋泉社，2013.

48　遡倉 哲，中村恵二，目片雅絵『図説 幕末・維新年表』，綜合図書，1998.

49　下平和夫『日本人の数学感覚』，PHP，1986.

50　中江克己『江戸のスーパー科学者』，宝島社，2013.

51　富山和子『日本の米―環境と文化はかく作られた』（初版），中公新書，1993.

52　N. I. Styazhkin "*History of mathematical Logic from Leibniz to Peano*"，The
　　MIT Press, 1969.

53　Isac Newton "*The Mathematical principles of Natural Philosophy*"，Philosophi-
　　cal Library, 1964.

54　Gerhard Becker "*Materialien & Studien zur Alltagsgeschichte und Volkskulu-
　　tur Niedersachsens Das Rechnen mit Munze, Mass und Gewichtseit Adam
　　Ries*"，Schuleinschreibebucher aus Niedersachsen, 1994.

55　「和算の館」http://www.wasan.jp/

56　国会図書館和算コレクション http://www.ndl.go.jp/math/s2/k1.html

57　東北大学デジタルコレクション 和算資料データベース http://dbr.library.
　　tohoku.ac.jp/infolib/meta_pub/G0000002wasan

58　京都大学電子図書館 http://edb.kulib.kyoto-u.ac.jp/tenjikai/2003/zuroku/

59　射水市新湊博物館編『越中の偉人 石黒信由』改訂版，1985.

60　黒須 茂『人づくり風土記 11，ふるさとの人と知恵 埼玉』，農文協，1995.

61　玉川大学教育博物館『学びの風景』，2008.

62　多賀秋五郎『学びの歴史』，中央大学生協組合出版局，1978.

63　竹之内 侑『関孝和の数学』，共立出版，2008.

64　王 青翔『「算木」を超えた男―もう一つの近代数学の誕生と関孝和―』東洋書
　　店，1999.

65　鈴木武雄『和算の成立：その光と影』，恒星社厚生閣，2004.

66　金子 務『ジパング江戸 科学史散歩』，河出書房新社，2002.

67　公田 蔵「明治時代における実用数学」，数学教育史研究 第 10 号，日本数学史学
　　会，2010.

68　小堀 憲『十八世紀の自然科学』，恒星社，1957.

69　小堀 憲『科学技術史全書 数学史』，朝倉書店，1956.

70　小堀 憲『数学の歴史 5 18 世紀の数学』，共立出版，1979.

71　梅村佳代『日本近世民衆教育研究』，梓出版，1991.

72　山形県立博物館友の会『特別展 藩校：武士の学校・江戸の学問』，1998.

73　岩田至康編『幾何学大辞典 1 基本定理と問題―平面―』，槙書店，1981.

74　平山 諦『東西数学物語』，恒星社，1963.

第2編 「数学教育現代化」は工業化をいかに脱しようとしたのか

第1章 「数学教育現代化」とは

　「数学教育現代化」は，1950-1980年代にかけて世界の数学教育界を震撼させ，小・中・高の教育課程，教員養成系大学・学部の数学教育研究に多くの論点を与えた運動である。本論では，これを以下の3点から明らかにする。

1.1　「数学教育現代化」は，どのような時代背景の中で生まれたのか
1.2　「数学教育現代化」は，米国の学校現場にどのように導入されたのか
1.3　「数学教育現代化」：日本の学校現場で行われた教育

1.1　「数学教育現代化」は，どのような時代背景の中で生まれたのか

　「数学教育現代化」の運動は，英国から起こった工業化への産業革命を陰で支えた「現代数学」が一応の達成を見たこの時期に，その「精神」をModern Mathematics（現代数学）として，一般市民へわかりやすく説明し，これからさらに進展するであろう新たな科学技術革命に対処する能力を育む意図をもって，数学者を中心に始まった教育改革であった。まずは，「現代数学」の歴史を振り返る。

1777-1855	ガウス（独）；整数論，曲面論，複素数関数論
1781-1840	ポアソン（仏）；確率論，台数／微分方程式論，定積分論，曲面論

第2編 「数学教育現代化」は工業化をいかに脱しようとしたのか

1789-1857年	コーシー（仏）；整数論，平均値の定理，解析学の基礎付けの功績
1793-1856年	ロバチェフスキー（露）；非ユーグリッド幾何の創出
1802-1829年	アーベル（ノルウェー）；楕円関数論，アーベル群，代数学・解析学への貢献
1815-1864年	ブール（英）；記号論理学創始者，ブール代数
1823-1891年	クロネッカー（独）；方程式論・代数数体における整数論
1826-1866年	リーマン（独）；リーマン積分論，幾何学，関数論
1831-1916年	デデキント（独）；デデキント切断，無理数論，イデアル概念の導入
1845-1918年	カントル（独）；集合論の創始者，無理数の理論の確立
1854-1912年	ポアンカレ（仏）；純粋数学，応用数学，科学論
1858-1932年	ペアノ（伊）；ペアノの公理，記号論理学
1862-1943年	ヒルベルト（独）；幾何学基礎論，ヒルベルト空間，公理主義の確立
1868-1942年	ハウスドルフ（独）；位相幾何学，集合論
1875-1941年	ルベーグ（仏）；ルベーグ積分の創始者，速度論，集合論
1879-1955年	アインシュタイン（スイス，独，米）；特殊相対性理論
1890-1962年	フィッシャー（英）；推測統計学の開拓，実験計画法
1906-1978年	ゲーデル（独，英）；数理論理学，不完全性定理，連続体仮説

（Wikipedia，HP 他より参照）

次に，1960年代から90年代にかけた「現代」という名を冠した書物をあげる。2020年代では，この言葉を冠した数学書は目にしていない。

【1960，70，90年代当時「現代（Modern）」を冠した数学，数学教育書】

1960年 7 月27日	遠山 啓，長妻克亘，横地 清，石谷 茂共著『算数・数学教育の現代化』，明治図書
1960年10月22日	石谷 茂，彌永昌吉，黒田孝郎，滝沢武久，遠山 啓，中谷太郎，長妻克亘，宮本俊雄，横地 清『現代教育学 9 数学と教育』，岩波書店

1960年10月25日	F. クライン著, 遠山 啓, 丸山哲郎, 大平恒夫, 池上一志共訳『高い立場からみた初等数学　1-4巻』
1961年	OECD "Synopses for Modern Secondary School Mathematics"
1961年7月31日	彌永昌吉, 小平邦彦共著『現代数学概説Ⅰ, Ⅱ』, 岩波書店
1962年10月	横地 清, 菊池乙夫共著『小・中学校における関数の現代化』, 明治図書
1966年2月15日	日本数学教育会編『数学教育の現代化』, 培風館
1968年前後数年	ニコライ・ブルバキ著, 前原昭二, 銀林浩, 森 毅, 小島 順, 小針晛宏, 柴岡泰光, 杉浦光夫, 木下素夫, 倉田令二朗, 斎藤正彦, 清水達雄, 村田 全共訳『ブルバキ　数学原論　全33巻』, 東京図書
1970年	Edna, Kramer "The Nature and Growth of Modern Mathematics", Princeton University Press.
1970年3月27日	Nicolas Bourbaki著, 村田 全, 清水達雄共訳『ブルバキ数学史（上・下）』, 東京図書
1979年	志賀浩二著『現代数学への招待-多様体とは何か-』, 岩波書店
1992年5月2日	S. マックレーン著, 彌永昌吉監修, 赤尾和男, 岡本周一共訳『数学-その形式と機能』, 森北出版
1996年前後	『現代数学への入門』10巻20冊, 『現代数学への基礎』17巻34冊, 『現代数学への展開』12巻24冊, 岩波書店

第2編 「数学教育現代化」は工業化をいかに脱しようとしたのか

「数学教育現代化」運動の始まりは，米ソ冷戦下での科学技術競争のさ中にあった。1957年10月4日，ソ連側は人工衛星スプートニク1号2号の打ち上げに成功した。これに，自国の科学技術の遅れに気付いた米国は「数学教育現代化」運動の実現に向けて動き始めた。

こうして，1950年代から1980年代にかけ米国から世界中に広がっていった教育改革運動といえる。

1963年　Cambridge Conference on School Mathematics *"Goals for school mathematics; the report of the Cambridge Conference on School Mathematics"* Published for Educational Services, Inc., by Houghton Mifflin Co, Boston

上記の報告から，「小学校での現代化」の内容を取り上げる。

A　Probability and Statistics　（大数の法則がある）

B　Logarithms in Elementary Geometry（対数も扱う）

C　The Instruction to Formal Geometry

D　Exploration（探究）

E　Elementary Modern Mathematics from the Advanced Standpoint （高い立場からの現代数学を小学校から慣れさせる）

F　Opportunities for Proof-Making in the Elementary school（集合，論理）

G　The Use of Units

H　Remarks on Significant Figures

こうした流れの根底にあった動きが，当時フランスで起きた，ニコライ・ブルバキ派の構造主義的な数学の構成であった。日本で翻訳出版された本『ブルバキ数学原論』（全33巻）の構成の，その中身を見ると，

36

最初の4巻が集合論から始まり，代数が7巻，位相が6巻と続き，多様体要約で終わる。代数の第1巻を見ると，1章で代数的構造を扱い，群，環，体の話へと続く。こうした「現代数学」の基本にあった考え方は，"Euclid must go." に見られる考えで，次のようなものであった。

「公理主義，構造主義的な考え」
「綜合幾何から代数的，解析幾何的思考」
「数学的思考を形式化するための記号論理」

　これらをいかにして，小学校から大学までの教育の現場へ入れていくのか，ということが「数学教育現代化」のメインの柱といえる。工業化社会の名残をもつ当時においては，「構造」的思考は数学だけでなく，以下に示すように重要な哲学でもあった。

【現代にまで影響を与えた，構造に関する当時の著書】

1968年3月25日	ジャン・プイヨン著，伊東俊太郎，田島節夫，花崎泉平，荒川幾男，松崎芳隆，井村順一共訳『構造主義とは何か』，みすず書房
1980年9月20日	山下正男『思想の中の数学的構造』，現代数学社
1983年9月10日	浅田 彰『構造と力　記号論を超えて』，勁草書房
1988年5月20日	橋爪大三郎『はじめての構造主義』，講談社
1989年9月1日	池田清彦『構造主義と進化論』，鳴海社
2000年	Stewart Shapiro "Thinking about Mathematics:The Philosophy of Mathematics", 金子洋之訳『数学を哲学する』，第10章「構造主義」，筑摩書房，2012. 01. 10.

第 2 編　「数学教育現代化」は工業化をいかに脱しようとしたのか

　こうした「現代数学的思考」を教育へどのように持ち込もうとした
か，当時の勧告案 *"Agenda for Action"* に掲げられた 8 つの勧告
（Recommendations）を見てみる。

1．Problem Solving must be the Focus of School Mathematics in the
　　1980s（問題解決が学校数学の焦点になるべき）

2．The Concept of Basic Skills in Mathematics must Encompass
　　More than Computational Faculty（Basic Skills に従来の計算技能
　　以上の意味をもたせる）

3．Mathematics Programs must take Full Advantage of the Powers
　　of Calculations and Computers at all Grade Levels
　　（数学プログラムは，電卓・コンピューター活用能力を引き出すべ
　　き）

4．Stringent Standards of Both Effectiveness and Efficiency must be
　　Applied to the Teaching of Mathematics（数学の指導に必要な，
　　効果的で効率的なきちんとした基準を設けるべき）

5．The Success of Mathematics Programs and Student Learning
　　must be Evaluated by a wider Range of Measures than Conven-
　　tional Testing（数学プログラムと生徒の学習評価は，従来のテス
　　ト以上に幅広い尺度で評価されるべき）

6．More Mathematics Study must be Required for all Students and
　　a Flexible Curriculum with a Creator Ranges of Options Should
　　be Designed to Accommodate the Diverse Needs of the Students
　　Population（多様な生徒たちに適うカリキュラムづくりが多くの数
　　学研究に求められている）

7．Mathematics Teachers must demand of Themselves and Their
　　Colleagues a High Level of Professionalism（数学教師には高い専
　　門性が求められる）

8．Public Support for Mathematics Instruction must be Raised to a Level Commensurate with be the Importance of Mathematical Understanding to Individuals and society（数学的理解の重要性を個人や社会へ伝えるための，数学教育への公的支援が必要）

1.2 「数学教育現代化」は，米国の学校現場にどのように導入されたのか

（1） 米国における SMSG の成立過程

米国における School Mathematics Study Group（SMSG）の成立は，米国における数学教育の現代化を進める上で，また，日本の「現代化」学習指導要領を成立させる上で大きな役割をもっていた。SMSG は，米国数学会（AMS）の次の 2 つの会議（1958年 2 月21日のシカゴ会議と 2 月28日のケンブリッジ会議）で作られた。

（2） SMSG テキストの内容

Mathematics for the Elementary School（幼，第 1 - 6 学年）
Introduction to Secondary School Mathematics（第 7 - 9 学年）
Mathematics for High School（第10-12学年）

例 1　First Course in Algebra（全 8 巻）
例 2　Calculus（全 4 巻）
例 3　Algorithms, Computation and Mathematics
　　　（Fortran, Algorithm 等）
例 4　Supplementary and Enrichment Service
　　　能力のある生徒向け題材
例 5　Texts for Slower Student
例 6　プログラム学習用テキスト，フィルム
例 7　Spanish Translation スペイン語版（英語を話せない生徒向け）

第2編　「数学教育現代化」は工業化をいかに脱しようとしたのか

例8　Probability Units

　　　確率教材

例9　Mathematics Through Science

例10　New Mathematical Laboratory

　　　能力のある生徒に数学への橋渡し

例11　Studies in Mathematics

　　　教師向け再教育教材

例12　Reprint Series 数学教育研究上重要な文献のプリント

例13　Miscellaneous Publication シリーズ

　　　父母，一般人向け活動紹介

　　実際にどのような内容がつくられたか，先に挙げたケンブリッジ報告（1963年9月18日）より取り上げる。

　　全体では，幼稚園〜第2学年，第3-6学年，第7-12学年があるが，本論では，誌面の都合上，幼稚園〜小学校の内容のみを挙げる。

【幼稚園から第2学年の内容】

・数と計算

（1）10のかたまり以外に，3進法，5進法，（2）無としての0だけでなく単位元としての0，（3）不等号（<，>）の早期導入，（4）数当てゲーム等で，推移律を導入，（5）早い段階から数直線を導入して負の数，（6）基準の0，簡単な分数，（7）不等号との関わりで簡単な近傍概念，（8）ゲームなどで座標を導入し格子点の位置，（9）□を使った式から逆演算の体験

・図形

（1）平面図形から立体図形づくり（ボール紙などの切り抜き），（2）乗積表から面積の加法性へ，（3）図形の対称性や変換についての体

験，（4）体験的に群の性質にふれる，（5）コンパス，定規を使った作図，（6）子どもの身の回りにあるものから縮図，拡大図を体験させる

・論理，集合，関数

（1）順序数，集合数，（2）1対1対応，（3）簡単な関数，（4）「20の扉」式の yes，no で答える質問で論理を養う，（5）文章（命題）の真偽

・応用（日常での活用）

（1）量の測定，（2）温度，エレベーター等で分数，負の数を体験，（3）量関係を不等式で表現，（4）不等号，有理数でない数，例（$\sqrt{2}$，a＞b ならば，a+c＞b+c など），（5）身の回りの量の見積もり，（6）植物の生長，気温の変化等を扱ったグラフ

第3学年から第6学年

・数と計算

（1）加法，乗法の単位元，交換，結合，分配法則，（2）符号のついた数の計算，（3）剰余系の計算，体，2×2の行列，（4）素因数，互除法，最大公約数，（5）ディオファントス方程式，（6）正，負の数の指数，（7）不等式，絶対値，（8）10進数他，他の基底をもつ数，（9）教師に依存せず答えの正当性を議論，（10）簡便算の仕組み，（11）電卓の活用，補間法，（12）近似値，見積もり，（13）丸め，有効数字，（14）有理数，無理数，その小数表現，（15）平方根，1.41＜$\sqrt{2}$＜1.42，（16）有理数の稠密性，（17）方程式，不等式の関係

・図形

（1）図形の求積，（2）円周率，（3）2次曲線，（4）直線の方程式，（5）極座標，3次元座標，（6）壁紙模様などから対称性，（7）相似

図形，（8）ベクトル

・論理の基礎
（1）真偽，p → q かつ q → p，矛盾，（2）簡単な場面での真理値，
（3）p →（q かつ r）ならば q，p →（q かつ q̄）ならば～p̄，（4）簡
単な数学的帰納法，（5）数と計算（数系）における公理，（6）簡単な
事例によるアルゴリズムや同値関係による論理的推論，（7）流れ図，
（8）不等号，$\sqrt{2}$ が有理数でない等に使う，（9）四則計算のアルゴリ
ズム

・集合・論理
（1）集合，関係，関数，離散，連続，（2）具体的事例による開いた
文，真理集合，（3）間接証明，（4）同型，変換の見方・考え方

・関数
（1）直感的な事例による実数の無限列，（2）210～103などを対数に
とって考える，（3）三角関数応用

・確率・統計
（1）ランダム事象の反復実験，（2）大数の法則の実験的試み

　こうした提案の背景には，NCTM（アメリカを代表する数学教師の
ための専門組織 NCTM（National Council Teccker of Mathematics）
の目的宣言での次の文言に依るところが大きい。

　　将来必要になったときに，新しい（現代的な）数学が学べるように
　　小さいときから，その基本的な概念なり構造なりを教えておく。

第 1 章　「数学教育現代化」とは

さらにそれは，以下の「Bruner の仮説」で明確にされる。

> どんな教科内容でも，その根底を規定している構造ならば，その事象のもつ構造とそれを把握する論理の双方に訴えるような形の何らかの教育方法を使って，どんな発達段階の子どもたちに対しても，その子どもたちが捉えられる力の範囲内で教えることが出来る。

まさにこの考えが先述のカリキュラム構造の元にあると言える。さらに，この思想がカリキュラム開発として実現されるときに次の「らせん型教育課程（Spiral Curriculum）」が生まれる。

ブルーナは1963年出版の『教育の過程』で以下のように述べている。

> もし，数，量，確率の理解が科学の探究に重要であるというのであれば，これらの事柄を子どもの思考様式に一致させるようにして，できるだけ知的性格をそのままに保ち，またできるだけ早く教え始めなければならない。それらの題材は後の学年になって，さらに一度も二度も繰り返し展開されなければならない。そのようになれば，殆どの子どもがたとえ第十学年用の生物学の単位をとるとしても，その教科に冷ややかに接する必要があるだろうか。
>
> （J. S. ブルーナー著，鈴木祥蔵，佐藤三郎訳『教育の過程』，岩波書店，1963. より）

このようにして大学の教授を中心として大々的に進められた「現代化」は，学校現場側からの実践上の課題も多く指摘されるようになった。代表的なものは，Morris Kline の次の言葉である。

Why Jonny Can't Add

"The Failure of the New Math"

似たような事例は，数学者小平邦彦教授が，アメリカ在住のときに当時の SMSG の教科書で数学を学んでいた，娘さんの次のような教室のやり取りを，『怠け数学者の記』の「NewMath 批判」（pp.110～115, 2000年）の中で述べている。

教師「どうして，2+3＝3+2　なの？」
躊躇なく児童が答える。「両方とも 5 だから！」
教師「"違う"，加法には交換法則が成り立つからです」
　　「では，9+2＝11かな？」
児童「9 に 1 たすと10，それに 1 たすと11になるから」
教師「それは違います。正しい答えは，2＝1+1で結合法則を使って，9+2＝9+(1+1)＝(9+1)+1＝10+1＝11　となるからです」

（小平邦彦『怠け数学者の記』，岩波現代文庫，1986）

引用・参考文献
1. 町田彰一郎「SMSG に関する一考察」和光大学人文学部紀要 3 号，1968．
2. 町田彰一郎「数学教育「現代化」再考」，『文教大学教育学研究科ジャーナル』JES Vol.4 No.1 2011.9.20．
3. 日本数学教育学会編『数学教育の現代化』培風館，pp.192-205，1966．

1.3 「数学教育現代化」：日本の学校現場で行われた教育

資料 1

日本の数学教育界への米国の SMSG，「現代化」の導入の状況は以下のとおりである。

日本の SMSG 研究セミナーは，東京で1964年 8 月25日～29日に，京都で 8 月31日～ 9 月 4 日にハーバード大学 E.E.モイズ，ウィリアムズ大学 D.E.リッチモンド両教授を招待して開かれた。

第 1 章　「数学教育現代化」とは

　このセミナーの議論の一部を紹介しよう。従来の幾何（綜合幾何）に対して解析幾何的な扱いへの移行，課題解決的な論理指導から「定義，公理から論証へ」の流れの導入，日常論理から記号論理を取り入れることが議題となっていた。

小松　日本では自然科学者たちの一部の意見として幾何では綜合的方法は不必要で，解析幾何だけやればよいというのがあるが，私たちは賛成しないが，モイズ教授の考えはどうか。

モイズ　そういうように，幾何は教えることはできないと思う。イリノイ大学で解析的方法のみで幾何を教えようとしたが完全に失敗したと当事者は言っている。もし幾何における基本的事柄がはっきりしておれば，座標系を使ってひじょうに印象的に述べることができる（例，三角形の重心の定理）が，一般的に言って座標系が威力を発揮するのは大変稀である。解析的方法ではかえって難しくなる幾何学的事実が多い（例えば，二角の相等を解析的方法で述べること）。むしろ，解析幾何の中に綜合幾何の手法を入れることの方が重要である。

──────証明困難な問題の扱い

横地　結合や順序の公理を順に展開して教えたことがあるが，そのとき，凸四角形の対角線の交点が内部にあることや，内心が三角形の内部にあることなど，生徒は証明したがる。そのため深入りしがちで大変難しくなった。SMSG ではこのような問題が生徒から出なかったか。また，この点をどのように配慮しているのか。

45

第2編　「数学教育現代化」は工業化をいかに脱しようとしたのか

資料2

日　時	内　　　容	講　師	東京会場座長	京都会場座長
第1日 午前	講演 1. Philosophy of SMSG	E. Moise	秋月 康夫	小堀 憲
	2. Progress of SMSG	E. Richmond		
午後	午前の講演に関して質問と討論	E. Moise. E. Richmond	弥永 昌吉	中村幸四郎
第2日 午前	講演と討論 Curriculum of SMSG	E. Moise E. Richmond	吉田 耕作	功力金二郎
午後	分科会A：Geometry	E. Moise	矢野健太郎	柴垣和三雄
	B：Intermediate Math. と Elem. Function.	E. Richmond	河田 敬義	高橋 陸男
第3日 午前	公開講演		秋月 康夫	秋月 康夫
	1. The problem of Pre-pedagogy in the introductions to Algebra and Geometry.	E. Moise		
	2. Old wine in New Bottles	E. Richmond		
第4日 午前	分科会A：第2日午後の続き	E. Moise	三村 征雄	東田
	B：第2日午後の続き	E. Richmond	佐藤良一郎	淀野 啓三
午後	分科会A：午前の続き	E. Moise	井上 義夫	頓宮 武
	B：午前の続き	E. Richmond	小林 善一	中野 昇
第5日 午前	講演と討論		福原満洲雄	古賀 耕一
	Elem. Function と Matrix Algebra	E. Richmond		
午後	総括と一般討論	E. Moise, E. Richmond	弥永 昌吉	小松 醇郎

横地　モイズ教授の著書 "Elementary Geometry from an Advanced Standpoint" によって高校一年に実験授業をした。生徒はだらだら長い文章を書くだけで，証明とは何かということがよくわかっていない。証明を十分理解させるためには，記号論理を教えることが必要ではないかと思う。

秋月　指導しようとする記号論理はどの程度か（横地氏に）。

横地　$p\,(p \to q) \to q$, $p'\,(p+q) \to q$, $\forall x f\,(x) \to f\,(a)$ $(p \to q)\,(q \to r) \to (p \to r)$, $(p \to q) \to (q' \to p')$ ぐらいのトートロジーを押さえておくと，実際に証明をやる場合，その意味とその仕方の理解に役に立つ。

モイズ　お話には感銘する。

　このセミナーの後，「現代化」への様々な議論，実践，研究が起き，1968, 69, 70年に「現代化」学習指導要領が告示された。

　2016年数学教育学会夏季研究会（関東エリア）において，藤田宏 東京大学名誉教授（当時数学教育学会会長）は，『「現代化」：それに取り

組んだ数学者の見識・不見識に学ぶ』の中で，まず，「現代化」推進者の取り組みを述べた後，次に「藤田4原則」を挙げている。

河田敬義教授は数学教育・科学教育の現代化（日本科学教育学会発足）に向けて，河田3原則（ギリシャの幾何，17-18世紀の微積分，19世紀末からの公理主義的現代数学）のよさを妥当な形で中等教育に反映させる。その後，純粋数学から数理科学への立場から，藤田　宏教授は「河田3原則に数理科学を入れて藤田4原則とする」と述べた。

[補足]
　　秋月康夫教授，高等学校教育課程作成委員会委員長（正式には当該協力者会議主査）「現代化」推進の立場をとる
　　彌永昌吉教授，作成委員会　後見役　1950年-60年代初頭　数理科学推進運動を推進。1963年の数理解析研究所の創設を達成，
　　小平邦彦教授　現代化運動に最も批判的であった。

米国の現代化の日本版としての「秋月委員会」発足から，河田，藤田両教授によって始められた数学の専門家と教育現場の教員および文部学省担当官からなる「数学教育の会」が発足し，多くの現実的な提案がなされた。

こうした流れに即応して，教育現場サイドからは，「現代化」の内容を踏まえつつ，学校現場に沿った数学教育への道を探る実践的研究が一部で進められていた。横地　清，菊池乙夫著『小・中学校における関数の現代化』1962，横地　清編『中学校の数学ライブラリー全35巻』（岩崎書店，1978）の巻頭言を見ると，そこには現代数学の中にある「構造」を現実生活の中の諸事象との関わりの中で捉えようとする意図がある。

以下に，現代化学習指導要領下における，小・中学校教科書の事例の一部を挙げる。2023年現在の教科書6年で扱っている文字式は，1978年の現代化の時点では1年早い5年で学んでいた。

資料3

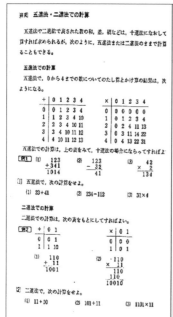

資料4

6 文字と式（1）
① 数を表す文字
② 文字と式
③ 文字を使った公式

数を表す文字

1 80円の品物を買った後に、つぎのねだんの買い物をしたとき、代金の合計は何円でしょうか。

後の品物のねだん	式	代金の合計(円)
10円のとき	80+10	90
20円のとき	80+□	□
85円のとき	80+□	□
a円のとき	80+□	□

後の品物のねだんがa円のときの式 80+a は、これ以上計算できません。したがって、答えは (80+a)円、または、80+a(円) と書きます。

2 画用紙がaまいあります。そのうち、20まい使いました。残りの画用紙は何まいでしょうか。
また、45まい使った後の残りは何まいですか。

5年生上巻 文字式の導入（学校図書）

資料5

§2 対応と関数

ともなって変わる2つの量の関係は、それらの量のとる値の対応で考えることができる。ここでは、集合をもとにして、対応のようすを調べることにしよう。

例 S駅からMの家まで、5人乗りのタクシーで行くと1200円かかるという。何人かで乗るとき、1人あたりの料金は、乗る人数にともなって、どのように変わるだろうか。

上の問では、タクシーに乗る人数をきめると、そのときの1人あたりの料金がきまり、人数と料金は、次の表のように対応している。

人数（人）	1	2	3	4	5
1人あたりの料金（円）	1200	600	400	300	240

ここで、人数（人）の集合を A、料金（円）の集合を B とすると、
$A=\{1, 2, 3, 4, 5\}$, $B=\{1200, 600, 400, 300, 240\}$
で、集合Aの要素に、集合Bの要素が下のように対応している。

一般に、2つの集合 A, B があって、
Aの要素をきめると、それに対応してBの要素が1つきまるとき、この対応を、**集合Aから集合Bへの関数**という。
上の問では、人数の集合から料金の集合への関数を考えたことになっている。このようなとき、「料金は人数の関数である」という。

資料6

8章

4 よしお君が、1000円持って書店に行き、ねだんが同じ参考書を2さつ買ったら、240円残りました。
この参考書1つのねだんは何円ですか。
1つのねだんを x 円として考えましょう。

① 残りのお金で考えて、式を作りましょう。
   $1000-x\times 2=240$

② 使ったお金で考えて、式を作りましょう。
   $x\times 2=1000-240$

③ x の値を求めましょう。

① x の値を求めなさい。
   $7+x=16$ $13-x=8$ $24\div x=4$
   $x\times 3-20=25$ $100-2\times x=50$

② ある数を5倍し、それから13をひくと17になりました。
   xを使った式に表して、ある数を求めなさい。

③ ある数と6の和を6倍すると72になります。ある数を求めなさい。

第1章 「数学教育現代化」とは

資料7

研　究　77

[研究] **逆関数のグラフ**

逆関数のグラフが，もとの関数のグラフと，どのような位置関係になっているかを調べよう。

[問] 関数 $y=2x$ とその逆関数のグラフを，同じ座標軸を使ってかいてみよ。
また，関数 $y=\frac{2}{3}x+1$ についても，同じようにかいてみよ。

関数　　　　$y=x^2$　　$(x\geqq 0)$　………①
の逆関数　　$y=\sqrt{x}$　$(x\geqq 0)$　………②

は，①の x と y を入れかえてつくったものになっている。
したがって，②のグラフをかいて，①のグラフと、x軸と y 軸を入れかえればよい。すると、下の左の図のようになる。

これを，軸がふつうの位置にくるようにするには，直線 $y=x$ を軸にして，折り返せばよい。すると，上の右の図のようになる。

上で調べたことから，逆関数のグラフについて，一般に，次のようにいえる。

逆関数のグラフは，もとの関数のグラフと，直線 $y=x$ について対称である。

資料8

1.　数学の見方・考え方　159

背理法

これまで考えてきた証明は，仮定(?)から出発して，順に進んでいって，結論(?)にいたるものであったが，これとはちがった証明のしかたもある。

円Oで，点Pが，弦ABについて
$\overset{\frown}{ACB}$ と同じ側にあって，
$\angle APB=\angle ACB$
ならば，点Pは $\overset{\frown}{ACB}$ 上にある。

は，92ページで，次のように考えて証明した。

　かりに，
　　点Pが，弦ABについて，$\overset{\frown}{ACB}$ と同じ側にあって，
　　$\overset{\frown}{ACB}$ 上にない．
としてみると，
　Pは，弓形 ACB の内部にあるか，または，外部にある．
ことになり，
　　$\angle APB>\angle ACB$　または，$\angle APB<\angle ACB$
となって，$\angle APB=\angle ACB$ にはならない。
だから，$\angle APB=\angle ACB$ となるのは，Pが $\overset{\frown}{ACB}$ 上にあるときにかぎる．

このように，あることがら(A)を証明しようとするとき，
　　もし，「(A)でない」とすると，はじめに仮定したことかと，すでに正しいとわかっていることかと，矛盾する．
ことを示して，(A)でなければならないことをいいきる方法がある．
このような証明の方法を **背理法** という。

資料9

1.　一次関数　61

関数を表すのに，f などの記号を用いることがある。そして，前ページの①の関数を f で表したとき，
$$f:x\longrightarrow 2x+3 \quad \cdots\cdots②$$
のように書くことがある。

f が集合 A から集合 B への関数であるとき，A の要素 1, 2, 3, ……に対応する B の要素を，それぞれ，
$$f(1),\ f(2),\ f(3),\ \cdots\cdots$$
で表す。

[例] $f:x\longrightarrow 2x+3$ では，
$$f(1)=5,\quad f(2)=7,\quad f(3)=9$$

[1] $f:x\longrightarrow 2x+3$ で，$f(4),f(5)$ を求めよ．
[2] $f:x\longrightarrow 1-2x$ で，$f(3),f(-2)$ を求めよ．

上の②を，
$$f(x)=2x+3$$
のように書くこともある．

[3] $f(x)=\frac{2}{3}x-6$ で，$f(-3),f(0),f(3)$ を求めよ．

x のすべての値に対して，1つの数，たとえば，2が対応するような関数も考えられる．
この関数を f とすると，
$$f(x)=2$$
である．

資料10

1.　相似な図形　165

図形の変換

[図] 下の図の図形 F′ は，方眼を使って，図形 F を1.5倍に拡大したものである．
また，図形 F を，左右に2倍，上下に1.5倍にしたものが F″ である．
F 上の点Pに対応する，F′ 上の点P′ と，F″ 上の点P″ の位置を示せ．

上の問で，図形 F, F′ を点の集合とみると，F を F′ に移すことは，
$$P\longrightarrow P'$$
のように，F の各点を F′ の点に対応させることになっている．
F と F″ についても，同じようにみることができる．

一般に，図形を点の集合と考えて，ある規則で，点を1対1に対応させて，その図形を他の図形へ移すことを **図形の変換** という．
図形を，これと相似な他の図形へ移す変換を **相似変換** という．
1点を中心とする拡大・縮小は，相似変換のとくべつなものである．
また，図形を，これと合同な他の図形へ移す変換を **合同変換** という．合同変換は，相似変換で相似比が1の場合と考えられるので，相似変換のとくべつなものということができる．
一般の相似変換は，1点を中心とする拡大・縮小と，合同変換とを組み合わせたものであるといえる．

第2編 「数学教育現代化」は工業化をいかに脱しようとしたのか

第 **2** 章

「数学教育現代化」運動が残したものを，どう引き継げばよいのか

2.1 現代化の時代に残された教育内容

　総括的な文献としては，次の，日本数学教育会編『数学教育現代化』（培風館，1966. 2. 15）が世界の主要な現代化運動を紹介している。そこで興味深いことは，当時の，現代化の実験的活動で取り上げられた次の内容である。

> 　現在にはない 変換や群，環，体，アフィン変換・空間などが含まれている。
> 　ちなみに現在実験活動に取り上げられている内容としては，
> 　　集合，集合の演算，写像，関係，関数，構造（群，環，体），ベクトルと行列，座標幾何と点集合，アフィン空間，ベクトル空間，確率，集合関数と標本空間，関数空間，限定詞を含む記号論理，実数の構成，変換と変換群
> 　などがあり，実験活動の広さを示している。

　「現代化」運動は，工業化社会をつくり上げてきた数学の全体像を整理し，20世紀の市民に幅広く知らせる役割をもっていた。しかしそれは，数学者の描いた数学的な構造に特化したものであったために，一般市民たちが日常の中で出会う Science，Technology，Engineering，Art，そして Mathematics，即ち STEAM との関わりが欠けていた。1980年代からは，実存主義と構造主義，意味と形式，直感と論理，帰納と演繹，綜合幾何と解析幾何，問題解決型と公理主義的展開等の葛藤が

表面化してきた。

資料11

戦後の指導要領の告示年、教科書作成、検定、採択、実施は数年後
第1次　1951 - 1955　生活単元学習
第2次　1958 - 1960　系統学習
第3次　1968 - 1970　現代化　　米国ベトナム戦争終結、マイクロソフト設立 (1975)
第4次　1975 - 1978　ゆとりと充実　　PC8001発売(1979)
第5次　1989　生きる力　　インターネット開始(1990〜)、就職氷河期(1990〜2000)
第6次　1998 - 1999　総合的な学習
第7次　2008 - 2009　思考力・判断力・表現力　　リーマン・ショック(2008)
第8次　2017-2019　主体的・対話的で深い学び　　生成系AIChatGPT(2023〜)

　現代化運動が一段落しつつあるとき，米国社会では工業化から情報化への移行が進行しつつあった。当時ベトナムへ派遣され終戦とともに帰国してきた若者たちや，子育てが一段落して再就職を目指す主婦たちが直面した課題が，新たな時代に即したリテラシーの基礎・基本であった。こうした一般市民への教育は，「現代化」教材においてはなかった。求められたのは，Basic Skills（基礎・基本），コンピューター・スキル等であった。日本の「現代化」以降の教育課程では，教育内容の改変はなく，以下に示すように時代を「生きる力」に特化したものになった。

　1970年代になると，米国での動向を受け，日本の学習指導要領が「現代化」から「基礎・基本，ゆとりと充実」へと変わっていった。背景には，現代化とときを同じくして情報化社会の到来があった。

　当時の情報化の到来とは，以下のとおりである。

1975年　ビルゲイツが創始者の Microsoft 社が設立。

1979年　NEC「PC8001」パソコン発売，8色カラー，メモリ16KB，5インチフロッピーディスク，その後「PC9801」が世に出て，日本語BASICが搭載。

マイコンからパソコンへの移行は，当時の電子計算機室での利用から自宅の机の上でコンピューターが使えるPCの時代の到来を意味し，日本語BASICができるPCは，欧米と異なり画像処理がより安価で鮮明にできるというメリットをもち，当時の日本の科学技術・経済の活性化を生んだ。以下の2冊の本は当時の教育事状を示している。

資料12

Jared Taylor："*Shadows of the rising Sun*：*A Critical View of the Japanese miracle*", 1983.

資料13

Merry White；"The Japanese Educational Challenge" 1987.

一方，現代化の影を指摘する本も現れてきた。

・Tony Larcombe "*Mathematical Learning Difficulties in the Secondary School – Pupil needs and Teacher roles*", Open University Press, 1985.
・Claudia Zaslavsky "*Fear of Math – How to Get Over It and Get On with Your Life*", Rutgers University Press, 1994.

「現代化」以降の日本の学習指導要領では，算数・数学の内容に関する議論はなくなり，コンピューターの教育における利用方法以外，現代化のときのような「時代に即した教育内容中心の検討」はなされていないことがわかってくる。

機械工業化の時代では，機械システムの基礎を根底から支えるのは「ボルトとナット」，生物一般では「原子，分子」の集まりであった。物事は上からの指示を待って行動する，基本単位の集合からなるという認識である。それは，「自然数とは，ペアノの公理で示される5つの性質で表される構造をもったもの」，という考え方につながる。

資料14

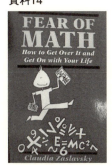

Claudia Zaslavsky "*Fear of Math-How to Get Over It and Get On with Your Life*". Rutgers University Press, 1994.

このように現代化する中で，「数学的構造」そのものを教える時代から，最近の生成 AI，素粒子の時代への進展では，「最小単位としての原子，分子とその構造の発想」では足りず，さらにその奥にある素粒子の情報交流，自然や経済・社会の global なシステムの中で相互に自立・協働してはたらく agents たちの交流まで，思考を進める必要がある。そのために，構造主義的学習形態をはじめ，モデリング，主体的・対話的で深い学び，レジリエンス，DX（デジタル・トランスフォーメー

第2編　「数学教育現代化」は工業化をいかに脱しようとしたのか

ション）などの学習形態の希求が叫ばれるようになった。しかし，現代
化時代の学校現場を振り返ってみると，指導法だけでなく時代が求める
教育内容自体の研究も必要となるのではないだろうか。

　そこで本論では，現代化の際に議論された内容を振り返り，今日的な
教育内容を再度検討してみたい。まずは現代化の時代の中学校の図形教
育の中から写像，変換，特にアフィン変換を取り上げる。

2.2　アフィン変換の教材化

　米国の現代化教材としてあったアフィン変換は，日本の現代化学習指
導要領にはなかった。しかし，当時出版された教育系の現代数学書の中
には比較的多く扱われていた。

1970年度　高等学校学習指導要領
現代化時代の日本の学習指導要領の一例（幾何学的変換や，アフィ
ン空間・変換・幾何などはない）。

数学Ⅰ
写像の概念を理解させ，また，基本的な関数の特徴を理解させる。
Ａ　代数・幾何　Ｂ　解析　Ｃ　確率　Ｄ　集合・論理

Ｂ　解析：写像
写像の意味およびその合成と逆写像について理解させ，また，関数
を写像として捉えることができるようにする。
ア　写像の意味　イ　写像の合成，逆写像　ウ　写像としての関数

応用数学：目標
事象を捉えるのに必要な数学的な概念，原理，法則，方法ならびに
それらが職業に関する専門教育において取り扱われる内容との関連
を理解させ，数学的に考察し，処理する能力を養う。

内容：ベクトルと行列
ア　ベクトルの内積　イ　行列の意味と演算　ウ　一次変換

第2章 「数学教育現代化」運動が残したものを、どう引き継げばよいのか

1961年に東京図書から出された，F．クライン『高い立場からみた初等数学』(遠山 啓監訳，商工出版社，1960) では以下の章がある。

第2編　幾何学的変換

第1章 アフィン変換……………………………………100
第2章 射影変換…………………………………………123
第3章 高等な点変換……………………………………140
　1．反転…………………………………………… 140
　2．いくつかの一般的な地図射影………………… 145
　3．もっとも一般的な一対一連続な点変換……… 149
第4章 空間要素を変える変換………………………… 154

1980年の横地 清編『数学教育学序説（上・下）』（ぎょうせい）では，より教育実践的立場を考慮した，以下のような記述がある。

第V部　幾何への試み
1章　幾何教育のジレンマ
2章　中学校の幾何改造案 - 影の幾何導入の試み　（町田彰一郎）

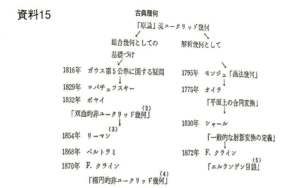

横地清編『数学教育学序説（上・下）』ぎょうせい，1980．より抜粋。

教材化への視点としては，合同変換，相似変換の延長として太陽光線による変換を扱った，以下の活動を紹介する。

資料16

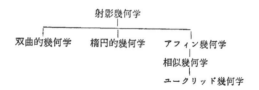

資料17

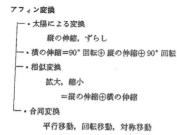

資料18

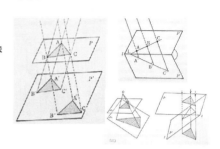

横地 清編『数学教育学序説（上・下）』ぎょうせい，1980．より抜粋。

資料19

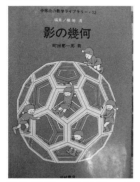

横地清編，町田彰一郎著，『中学生の数学・スタンダード（全35巻）影の幾何』，岩崎書店，1979．

さらに，1979年には，横地 清編の『中学生の数学・スタンダード』全35巻（岩崎書店）が発行され，現代化の流れを汲み，より現実的で実践的な数学教育展開が目指された。その書籍において，筆者は『影の幾何』（アフィン変換の中学生の学習段階に適した展開）について担当した。

当時のこの体験から，身近な事象を数学的な写像で考え，変換という考えを取り入れることで，合同変換や太陽光線よる影の変換，そしてアフィン変換の考えの素地を扱うことができるようになり，「現代化の精神」を受け継ぐ，より先に進んだ数

学への橋渡しをしている感覚をもった。このような意味で，今日の数学教育の立場にこそ，「現代化」の時代に行われた「教育内容の検討を含めた教育研究」の必要性を感じる。

以下に，こうした立場から試みた，教材研究への事例の一部を紹介する。紙面の都合上，詳細は割愛する。

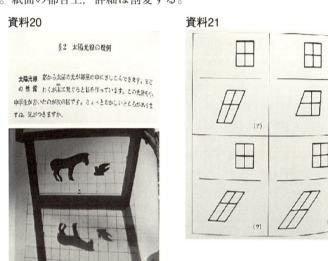

横地清編，町田彰一郎著，『中学生の数学・スタンダード（全35巻） 影の幾何』，岩崎書店，1979.

以上が，アフィン変換を用いた，現実の事象から数学的関係を抽出し，実験数学的展開，デジタルソフトを使った思考実験の流れである。現在では3Dソフトも数多く発売されていて，様々な思考実験が可能となっている。

第 2 編　「数学教育現代化」は工業化をいかに脱しようとしたのか

資料22

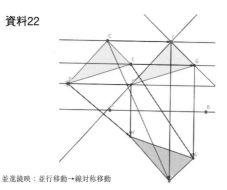

並進鏡映：並行移動→線対称移動

その1　Geogebra によるアファイン変換の様々な思考実験

資料23

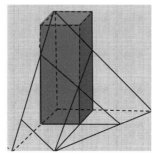

　直方体を任意の平面で切断したときの，切断面の実験，その展開図を作成し，Geogebra で作図，見取り図を作成する。

資料24　　　　　　　　　　　　　資料25

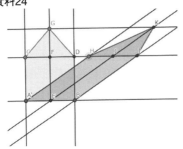　

その2　Geogebra による作図　　　その3　Geogebra による作図

　こうした学習活動の後，行列を使い，射影変換，群への授業展開も考えられる。

第 **3** 編　複雑系社会観が算数・数学教育に与える
影響とは

第 **1** 章

第4次産業革命期での複雑系社会観

　江戸から明治への時代の変容は，第1次産業革命へ向けた人々の対応
の歴史といえる。第1次産業革命とは，蒸気機関で代表される製鉄業，
繊維工業の発展であった。欧米でいえば18〜19世紀の社会変容といえ
る。

　これに対して，工業化の後半は
電話・電信などの電気通信が生ま
れ，石油産業が起こり，重化学工
業が発展してくる。こうした1870
〜1914年頃を第2次産業革命の時
代という。

資料1

> 〈工業化社会〉
> 　蒸気船，蒸気機関車，
> 　石油産業，大量生産工場
> 〈情報化社会〉
> 　アナログからデジタルへ，
> 　virtual と real の融合。

　この産業革命が終わりに近づいた頃，第1次世界大戦がヨーロッパで
起こり，第2次世界大戦，太平洋戦争へと進んでいく。日本は1945年終
戦を迎え，教育の世界では米国の影響を受けた生活単元学習が始まる。
その後，1960年代，米国から始まった数学教育現代化運動が世界に広ま
る。1980年代頃には第3次産業革命が起こっていた。それは，汎用コン
ピューターからパソコンへ移り，アナログ回路の電子機器が社会に広が
り，デジタル革命の始まりといわれた。これが21世紀に入ると，社会の
デジタル化はさらに進み，AI，IoT，量子コンピューター，VR（仮想
現実），AR（拡張現実）等々が進み，DL（Deep Learning；深層学習）
の研究から生成 AI が始まる。こうした中，後れをとっていた日本も半

導体産業へ力を入れ始めた。この時代を第4次産業革命の時代という。さらに最近では，ChatGPT等の生成型AI等の影響により第4次産業革命のさらなる変容がある一方，SDGs（持続可能な開発目標），持続可能な産業の育成を目指した動きが始まり，これを第5次産業革命と言う人も出てきている。

本章では，第4次産業革命の時代における教育の在り方について見ていくことにする。

Tofflerにより，「工業化から情報化へ」という文明の転換に関する警句が発せられたのが1980年であった。現在は，さらに大きな文明の転換点にいる。Jeremy Rifkin（2012）は，工業化社会と「第3次産業革命」との比較の中で，学習や教育の在り方に大きなパラダイム・シフトがあることを指摘し，次のように述べた。

> 教育の最大の使命は生産性の高い労働者を生み出すことであるとする認識は，工業化時代が始まったころの啓蒙主義の中で生まれた『人間性』に根差している。『産業の』を意味する "industrial" という言葉自体が『勤勉な』を意味する "industrious" という言葉に由来しグローバルに結びついていた。第3次産業革命の時代では，教育の最大の使命は，共通の生物圏の一員としての思考や行動ができるように，生徒に準備させることだ。

従来の教育の世界では，工業化から情報化への過程を，IT革命，高度情報通信社会（ICT），グローバル化，知識基盤社会といった標語を用いてこの社会の動きを説明してきた。筆者は今日の社会を「高度情報システムによって支援されている社会」とし，システム同士が連携し，重層化し，互いに相互作用をもたらす情報システムとして，そこで求められてきた教育の在り方について述べてきた。

1990年後半あたりに，教育の世界以外で，特に経済学や社会学，生物

学の立場から，複雑系としての社会・組織論が次々に提唱されるように
なった。そこでは，工業化社会的視点から脱却して，「組織を生体系と
して捉え，細胞，アクター，agent たちが，自立的に生きながら他と相
互作用して，組織全体を支えている」とする捉え方への転換を主張して
いる。この思想の背景には，社会を構成している agent 間の相互作用
による複雑な連動，創発（emergence）を中心テーマとする非線形数学
の理論があると同時に，その理論を成り立たせるソーシャル・メディア
の進展により，グローバルな相互作用による複雑なうねりをもちはじめ
た社会状況がある。

　今日の社会では，特定の外からの指令があるわけでないにもかかわら
ず，突然熱を帯びてカオス状態になったり，沈静化して動かなくなった
りしながら，あたかもより大きな組織からの指示を受け，うまくコント
ロールされているかのように，一定の秩序をもつ理想的形態に落ちつい
ているとみなされている。

　本論では，こうした視点をもって捉えた組織や社会を，複雑系（Com-
plexity System）社会と呼び，そこでの教育の在り方について考察する。

　2000年から OECD を中心に始まった PISA の3年ごとの学力調査で
は，こうした社会の変容の中で数学的リテラシー（「量」「空間と形」
「変化と関係」「不確実性」からなる）の得点は低くとも，2018年の調査
までの結果では，日本は高位水準を持続し続けてきた。

　一方で，児童・生徒間のいじめ，引きこもり，学習意欲の減少，不登
校，家庭からの児童虐待などが社会問題となり，さらに，教員志望学生
の減少，教員の長時間労働，精神的負担の増加から，様々な問題などが
取り上げられるようになってきた。

　また，2023年の OECD の公立学校教員の給与調査で，日本の教員給
与は OECD 諸国の平均給与よりも低いという結果がマスコミで取り上
げられ，日本の教育予算，教員給与の低さが話題となった。こうした現
象が発生した理由に，いまだに工業化社会での成功例に依存した「均質

第3編　複雑系社会観が算数・数学教育に与える影響とは

な製品の大量生産」的学習環境が根強く働いていることが挙げられる。

　つまり，塾や予備校での学習に頼り，複雑系社会下における人とのつながりも希薄化し，自立・協働的学習への取り組みを学習指導要領では謳われているものの，工業化的発想から脱出できず後れをとっていることが原因といえないだろうか。

第2章
複雑系社会下で算数・数学教育に求められるもの

　数学は構造の学問といわれ，歴史上の文明の転換点の陰で，様々なかたちで関与してきた。以下に，こうした事例をa～dで挙げる。

a　古代ギリシャでは，雄弁術に代わるものとして三段論法が求められ，その数学モデルとして，ユークリッド原論，整数論が生まれた。それは「学問に王道なし」等で示される，為政者の基礎教養としての数学的論理であった。

b　近代科学と「科学の言葉＝算数・数学」の成立は，自然現象を数学的モデルとして捉える方法によって達成され，中世から近代への転換を果たした。
　「アラビア数字，記号，文字の発明，表，グラフ，図形」などの数学的言語の発明とそれを使った数学の表現様式は，図形から文字式（expression, sentence）への変換を可能にした。

c　20世紀型工業化社会の集大成としての高度科学技術化社会の成立と，数学的構造，公理主義の考え方からブルバキ流構造主義をもとにした「数学教育現代化」が起こり，コンピューターの世界ではマイコン（Micro Computer）からパソコン，PC（Personal used Computer）の時代へ。さらに，インターネットによるグローバルな知識共有の時代へと変化していき，これらを活用した画像処理，多量データの統計等（時系列データ，データサイエンス）が活発化してきた。

第3編　複雑系社会観が算数・数学教育に与える影響とは

d　組織をグローバルに捉え，社会を生体系として捉え，自立的な
agent や下位システムが相互作用する系としてみる組織論と，その
モデルとしての非線形数学のカオス・フラクタル理論の進展は，閉
じた系において上からの伝達を行う機械論的意思伝達方式とは異な
る様相を呈してきている。

　以下に，複雑系社会とはどのような特徴をもつ社会なのか，先行研究
から明らかにしたい。

2.1　複雑系社会論

　複雑系社会論では，今日の社会をシステム概念，生体系組織，ソー
シャル・メディアの普及を鍵概念としている。複雑系とは，"Complexi-
ty System" と英訳され，根本的にはシステム概念である。

　システムとは，互いに関係し合う複数の構成要素の集まりである。こ
こでは構成要素と称しているが，人間や動物の関係する社会システム
まで広げた場合，個々の人間や動物とその集団を意味するものとして
"agent"（構成要素）という言葉が使われる。こうした agent は互いに
影響，関連，依存しながら統合され，複雑なシステムを構成する。V.
Anderson（2001）は以下のように述べている。

　　人体には様々なシステムが存在する。循環系システムは，他のシス
　　テムで作られた酵素，栄養，ホルモン，抗体を人体のすみずみまで
　　届け，老廃物を排泄系システムへと運ぶ。循環系システムは，心
　　臓，静脈，動脈，血液，その他たくさんの構成要素からできてい
　　る。人体という大きなシステムの中で，これらの要素はそれぞれの
　　目的を達成するために互いに協力して働いている。

　ここで重要なのは，これらのシステムが1つの司令塔の完全な指令や

プログラムによって機械的に動かされているのではないということである。John D. Sterman（2009）は次のように述べている。

> 私たちの立てた施策は，予期せぬ副作用を生むかもしれない。システムを安定させようとしているのに，逆に不安定にさせてしまうこともあるかもしれない。私たちの意思決定によってそれまでのバランスが崩れ，その崩れたバランスを取り戻そうと他の人たちが反応することもあるだろう。

Jay Wright Forrester はこのような現象のことを「直観に反する社会システムの挙動」と呼んだ。

Sterman は，この現象を「システムの抵抗」と呼び，これによって，よかれと思って行った私たちの働きかけが，システムの抵抗に遭い，その効果が薄れたり弱まったりつぶされたりすることが多々あると指摘している。こうした指摘は，機械的で，単一のコンピューターで制御されたシステムから離れ，複数のシステムの複合化・重層化がいかんなく発揮されだした時代特有の現象と見ることができる。

今日は「目に見える機械論的システム」だけでなく，情報の流れや制度などの「無形のシステム」，感情，信念，価値観などの「情意的・認知的なシステム」も取り込み，より重層化された社会を形成している。こうしたことから，以前の学習が，今学んでいる概念の認知的妨げになっているという指摘も発せられるようになった。システム論的にいえば，以前の学習の中で育ってきた agent たちが，新しい学習によって新たに生まれてきた agent とぶつかり合い，適切なシステムの重層化ができない状態，「システムの抵抗」を受けているとみることもできる。

Marvin Minsky（1999）は，心の社会における agent の働きについて述べているが，この立場について，算数・数学教育上の課題を筆者なりに捉え直した例を挙げる。

例：低学年算数で位取り記数法を整数の範囲で学ぶ，十の位の2は一の位で20等々……位取りの指導を低学年で終わってしまうと，心の社会は「位の単位は整数の範囲だけ」という agent たちで占められてしまう。これが，「高学年で 0.2％はいくら？」という問題に直面したときに，$\frac{1}{100}$の位では 0.2，$\frac{1}{10}$の位では 0.02，一の位では0.002という発想の妨げとなる。「位取り表の中では整数しか表せないという発想をもつ」agent たちは心理的な抵抗を受けてしまう。類似のことは，0.2／100という表現に抵抗を示す agent が出ることからもわかる。ここを切り抜けてより大きな認知的システムの構築をなすには，小・中，中・高の連携を意図した指導が重要な意味をもつことになる。

また，大野（2009）は複雑系という言葉について次のように述べる。

「多様な意図をもって自立的に相互作用をするものが作り出す動き」という意味を含み，単なるランダムとか，complicated とは異なる。

大野（2009）は，複雑系とは，親から代々受け継いだ「種」や「それをそれと特徴づける仕掛け（基礎条件）」をもつものとしての，生きるもの（organism）に不可欠な現象であると捉える。

以上をふまえて，今日，複雑系が研究対象と重視されるのは以下の点にある。

封建時代や工業化社会のように1つの閉じられた世界とその構成員という発想から脱し，社会を構成する一人ひとりの人間がソーシャル・メディア等によって開かれた状態で相互作用しながらつながりだし，それぞれが個々の中に受け継がれてきた思考様式や習慣様式を出し合い交流しだす。そして，突然個々のつながりを超えた広域的な変化をもたらす現象が生まれ，新たな混乱と創発を生む土壌がつくり出される。こうし

第2章　複雑系社会下で算数・数学教育に求められるもの

た現象を創発現象という。

2.2　ロジスティックモデルの事例

　複雑系組織の特徴を非線形数学で捉える複雑系組織の，agent 間の相互作用が何世代か続くことで，混乱しカオス状態となったり，活動が止まり静止状態になることは，私たちが望んでいることではない。相互作用を続けているうちに，創発して安定している方が望ましい。それが数学的に可能なのかどうかは，数学的なモデルで検証し，判断することができる。

　よく使われるモデルとしては，ロジスティックモデルがある。単純に相互に作用し合う2種の変数の間でどのようなことが起こるのかについて，簡単なモデルを Excel で表現してみる。

　$x_{n+1}=a(1-x_n)x_n$ の関係にある x_n の値は，a の初期値によって大きく変動する。例えば，a=1.04，x_1=0.5とすると，回数が増えるにつれて，限りなく0に近づく。

資料2

　しかし，この変動は，a=3.68，x_1=0.5としたとたんに大きく振動し止まらなくなる。

　a=2.9とすると，振動後に安定的な状態を取り戻すことができる。

　この簡単な事例でわかるように，同じ式で表された同一の構成であっても，agent の相互作用による変動を規定するのは定数 a の値である。数列の変動が初期値に敏感に反応する現象を「カオス」と呼んで，数学

第3編　複雑系社会観が算数・数学教育に与える影響とは

資料3

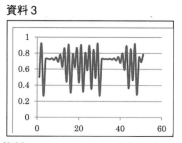

資料4

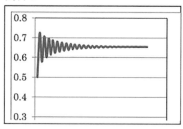

では多くの事例が研究されてきている。芹沢（1993），吉田（2010）らは，単一の関数式の変数の変動とは異なり，相互に影響を与えつつ変わる数列や複数の式で表現される実際の現象が，カオスをつくったり，ストレンジアトラクターをつくることを示したり，様々な自己相似形をもつフラクタルであることを，数学的に解明した。このように，複雑系の社会の在り方を科学的に解明しようとする動きが起きている。

　一方，こうした複雑系社会の元となる動きがどのようにして起こるのかを，蟻の世界を調べることによって科学的に明らかにしようとする動きもある。

　川村（2003），Len Fisher（2009）は，蟻の生態を分析し，人間に比べはるかに単純な数百，数千の蟻たちが，互いに独立し，しかもお互いに相互作用をもちながら，非常に高度な社会を形成していることは，複雑系社会が目の前にあることを実証している。こうしたことの解明は，人間の複雑系社会の解明への一歩であることは間違いない。

　しかしながら，ソーシャル・メディアの浸透や，Big Data の採用による企業間のグローバルな競争，巨大情報システムによりつくり出され

る膨大な数量のデータとそれを処理する数式の開発は，庶民の日常の生活に密接に関わりをもつ一方で，「便利だけれど，その仕組みについては全く無防備」という現象を呈している。個々が自律的に動きながら，しかもグローバルに相互作用している複雑系社会の実現が今まさに迫っている。次代の人材を育成する教育の世界では，社会の解明と安定を待っていては遅い。

　以下に，そうした教育的な試みのいくつかを提案する。教育への適用は，大きく2つの立場があるようにみえる。1つは，教育の特定の複雑現象への科学の適用として。他の1つは，今日の社会全体が大きく複雑系社会の観を呈していると捉え，そうした社会を生きる児童・生徒たち一人ひとりにどのような教育を行うのかという観点である。本論は，後者の立場での論考となる。

2.3　複雑系社会における教育への5つの課題

　複雑系における鍵概念は，機械論的組織から生命論的組織へ，システム思考，非線形，創発，自己組織化といえる。また複雑系をつくっている構成要素は，自律的に動き，協調的相互作用をする。そこでの単純な構成要素の自律的挙動が，より大きな全体の中で高度な秩序を生み出すこと（数学的にいうと，ストレンジアトラクターの存在）となり，創発という概念へとつながっていく。

　今日の社会は工業化の時代の機械とその部品という関係よりも，むしろ，病原菌に対処している細胞や諸器官の連携・相互作用と見ることができ，単純な細胞の間の協調的相互作用が，予測不可能なより大きな組織の行動を動かすという生命論的組織観へとつながる。

　機械は，バラバラの部品からそれを1つずつ結び合わせれば全体ができ上がる加法的・比例的な関係をつくり上げるが，生命論的組織論では，初期値の微妙な変動で予測不可能な事態が生じる非線形の状態をつくり上げる。さらに，今日に見られるカオス状態でのフラクタル（自己

相似形）の存在は，複雑系の組織論の中で捉え返すと，個人や地域に最新の情報を与え，それぞれの活性化を支援することによって，組織＝社会全体の新たな創発を生みだすことになる。

　以上のことから，今後の教育のあり方を考えると，児童・生徒の自立心・探究心を促すために，多くの情報を与え，相互の意見交流を活発化させて，みんなで情報の共有，思考の深化を図るように指導を行う。そうした学習集団の成立と維持・継続は，ある一定の時間経過後に，よりまとまりのある学級全体の創発を生むことになる。これらの活動は，学校・学級だけでなく，地域の活性化，住民の相互連携も重要な要素となる。

　平成10年度学習指導要領は，協調的相互作用をとるとか，総合学習により自律的な探究心を養うといった理念が掲げられ，複雑系の社会での教育のあり方の１つを示していた。しかし，機械論的社会観から脱却できなかったために失敗したといえる。複雑系社会では，よかれと思った行動が逆の結果を生むことがある。それを防ぐには，自律的で適正な判断ができるための教育のあり方が緊急の課題として横たわっている。

　以下に，複雑系社会下における教育の在り方を検討課題として挙げる。

a.　学習指導要領での「自ら学び，自ら考える」人間の育成。国際学力調査で日本の児童・生徒に見られるような，学力は高いが，「自信がない，学ぶことが楽しくない，積極的に学ぶ意欲がもてない」などは，複雑系社会での「生きる力」としては克服すべき第一の目標である。

b.　複雑系社会では，自立的で，相互作用をもち，共に社会を構成していく能力が求められる。そのためには，「主体的・対話的で深い学び」「探究学習」などとともに，既習を振り返り学び直し，社会や

日常，他教科との連携を図りながら再構築し，「学習内容を自分なりのものとする」STEAM（Science, Technology, Engineering, Art, Mathematics）が重視される。さらに，その上に立って，自分の考えを仲間に伝え，異なる意見と出合い，共に練り上げて共通のものとする自立・協働の精神が求められる。

c. 複雑系の社会の仕組みを理解するには，非線形な数学を体験する機会を与えることが必要となる。これを理解するためには，手で式を操作して求めるだけでなく，グラフ表示の可能な数式処理のソフトウェアの活用が必要となる。できれば，入学試験へのデジタル機器の持ち込みを可能にして，global な言葉，「構造」の側面を強調した数学教育が必要といえる。

d. 自律的で主体的，協働的な相互作用をつくり上げる能力をもった児童・生徒を育成する視点から，ソーシャル・メディアが児童・生徒に与える影響を調査・研究する必要がある。

e. 児童・生徒が自立・協働しながら共に活動できる，学習資源の開発を目指した授業研究・指導事例の研究（資料5は，自然界の相互作用を，Scratch を使い，数学的に表現した1990年代の中学生向け事例である）が必要である。

資料5

第3編　複雑系社会観が算数・数学教育に与える影響とは

【引用・参考文献】

1　Jeremy Rifkin 著，田沢恭子訳『第三次産業革命：原発後の次代へ，経済・政治・教育をどう変えていくか』，合同出版株式会社，pp. 339-342, 2012.

2　Alvin Toffler 著，徳山二郎監修，鈴木健次，桜井元雄訳『第三の波』，日本放送出版協会，1980.

3　町田彰一郎「21 世紀情報システム社会に求められる数学教育の要件」，『第 44 回数学教育論文発表会論文集』，1980.

4　Virginia Prinny Anderson, Lauren Keller Johnson 著，伊藤武志訳 "System Thinking Basics From Concepts to Casual loops"（システム・シンキング），日本能率協会マネージメントセンター，p. 16, 2001.

5　John. D. Sterman 著，枝廣淳子，小田理一郎訳 "Business Dynamics-System Thinking and modeling for a Complex World"（システム思考—複雑な問題の解決技法—），東洋経済新報社，2001.

6　井庭崇史，福原義久『複雑系入門—知のフロンティアへの冒険』，NTT 出版，2010.

7　大野克嗣『非線形な世界』，東京大学出版会，p. 232, 2009.

8　Marvin Minsky 著，安西祐一郎訳『心の社会』，産業図書株式会社，1999.

9　Melanie Mitchell 著，高橋洋訳 "Complexity；A Guide Tour"（ガイドツアー複雑系の世界　サンタフェ研究所講義ノートから），紀伊国屋書店，2012.

10　週刊ダイヤモンド編集部，ダイヤモンド ハーバードビジネス編集部編，京都大学経済研究所複雑系経済システム研究センター協力『複雑系の経済学-入門と実践』，ダイヤモンド社，1997.

11　芹沢 浩『カオスの数学』，東京図書，1993.

12　吉田善章『非線形とは何か 複雑系への挑戦』，岩波書店，2010.

13　川村秀憲「アントコロニー最適化法」，大内 東，山本雅人，川村秀憲，柴 肇一，高柳俊明，當間愛晃，遠藤聡志『生命複雑系からの計算パラダイム』，森北出版，pp. 1-81, 2003.

第 4 編　科学の言葉＝算数・数学で明らかにする草花の自立・協働

第 1 章

草花たちが身に付けている算数・数学

　植物はコンパスを使えない。どうやってその形を描いているのか。花や草の姿を観察して，この仕組みを考えてみよう。

1.1　線対称な形，120°ずつ回転する形の葉

資料1

資料2

　まず，3枚の葉で見てみる。たとえば資料1のクローバー，中心から3方向に円を3等分するようにつくっている。ハート形の葉が精いっぱい伸びてこの形になったようだ。複雑系の細胞組織が協力し合って成長すれば，等分できることを示している。クローバーは3本の線対称の軸があるといえる。

　または，120度ずつ回転している回転図形とも言える。

1.2　線対称な形をもつ葉

　資料3のようなヨットの形をした葉がある。この図のもつ特徴を作成ソフト Geogebra を使って解析してみよう。

まず，葉の写真のファイルを Geogebra の画面に取り込む。Geogebra の画面上のコマンド一覧から「ABC」のコマンドを選び，「画像」挿入をクリックする。そして，パソコンのファイル一覧から取り込んだ画像が資料3となる。まず，葉の3つの頂点を A,B,C とおき，点を結び円を描く。

Geogebra は3点を指定すると，それらの点を通る円が自動で描け，資料4のような円ができる。

ここから円の中心を求めてみよう。それには，BC の中点 D をとり，AD を結び円との交点を求めれば直径が出てくるので，その中点をとれば，資料4のように円の中心が求まる。

葉の形を見ていると，∠AOB = 120°ぐらいだとわかる。それを Geogebra で確認してみよう。まず，Geogebra で「大きさを指定した角度」を選び，角の1点 → 頂点を選ぶと，角度入力画面が出る。そこで，角度を入力し，時計回りか，反時計回りかを指定すると，点がとれる。こうして30°ずつ点を円周上に取れば，資料4のようになる。

これを見れば，少しずれがあるものの，横に伸びた2枚の葉は，∠AOB = ∠BOC = ∠COA を目指して作られていることがわかる。資料3の葉はヨットの形に見えるが，左右対称で，主要な頂点が円周上を等分するように並んでいることがわかる。もちろん，成長過程や環境によってずれが生じるが，葉たちがこうした理想的な形を目指して成長していることが発見できるだろう。

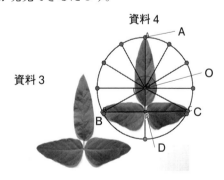

資料4

資料3

第1章　草花たちが身に付けている算数・数学

1.3　円を五等分する花

　5枚の花びらの場合もよく見てみる。下図の花は円の中心から同じ広がり（面積）になるように，花びらが出ている。360÷5＝72となり，72°ずつ回転して円を形成するような5枚の花びらをもち，5回転図形といえる。5枚の花弁が円上に並ぶと，円の内側に正五角形が見えてくる。この花も対称軸が5本ある線対称図形だ。

資料5

資料6

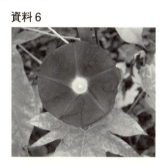

　上の朝顔はまさに円を5等分している。5枚の花びらというより，5本の「すじ」で円を5等分しているとみることもできる。

1.4　偶数の花びらをもつ花—ドクダミの4枚の花びら—

　ドクダミは線対称で，4本の対称軸がある対称図形だが。見方を変えれば，90°，180°，270°，360°の4つの回転角をもつ回転図形である。

資料7

資料8

75

1.5 もっと多くの対称軸をもつ花

資料9

資料10

資料11

資料12

資料13

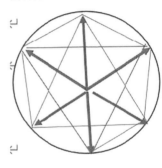

　花や葉は中心から放射状に伸びるので，資料11，13を見るとわかるように，中心から円周上に広がる花びらは，円周上に頂点を3つもつ正三角形が180°回転して，正六角形をつくっている。3×2＝6。

　正方形が2組，45°回転して正八角形をつくっている。4×2＝8。

　こうした花たちは，算数を学習しているのだろうか？

1.6 中心からずれて円を描く葉—ルピナス—

このルピナスの葉は、円を描いているように見えるが、中心はどこにあるのだろうか？どのようにして円を描いているのだろうか？

先端が円周上にあるのなら、弦の垂直2等分線が円の中心で交わるはずだ。それを利用して図を描くと資料15になる。どうしてこのようなことができるのだろうか？ 他の例を挙げて調べてみる。資料16のもみじの葉、一見なんでもないように見えるが、円形の定規（テンプレートという）の上に載せてみると、七角形にも見える葉の先端は、同じ円の円周上にあることがわかる。これについて分析してみよう。もみじを1枚とってきてコピーし、もみじを取り囲んでいる円を描く。

次の手順に沿って調べる。
① 茎の長さを測る（2.1cm）
② 茎を延長し円の直径に相当する長さを測ると9cm、半径は4.5cm
③ これから、中心は茎の根元から1.8cmのところ

資料14

資料15

資料16

資料17

77

このデータから，円を描くと，資料17の図のようになり，2本を除いて，ほとんどの葉の先端がこの円周上に来ていることがわかった。

どうも，もみじは円が好きなようだ。

今度は，資料18の五枚の葉で確かめてみる。やはり円周上に葉の先端が並ぶが，これは正五角形となり，正五角形ならば円に内接する。

資料18

資料19

1.7 円を目指す草花たち

このように見てくると対称軸の多い図形ほど，円に近づいていくのがわかる。円は無数の対称軸をもつ回転図形だといえる。

次の図（資料20〜22），沼地に浮かぶ古代蓮を調べてみる。円の中心に茎がないのに大きな円を描いている。どんな数学を使って円を描いているのだろうか。その他にも，多くの花や葉が円を目指してそれぞれの形をつくっていることが観察されるだろう。

資料20

第1章　草花たちが身に付けている算数・数学

　多くの花や葉が円を目指している形を見ると，それぞれの花や葉をつくっている多くの細胞たちがそれぞれの立場で自立・協働しながらよりきれいに，よりたくましく生きようとして，自分たちのあるべき形を目指している姿が見て取れる。よく見ると，最初は楕円形をしており，中心から先端に向かって口が開いているようだ。それが，成長とともに閉じだし，円に近づいていく。

　資料21の葉も正しい円を目指して成長していることが見てとれる。資料22の蓮の葉も同様だ。まさに複雑系の世界である。

資料21

資料22

第4編　科学の言葉＝算数・数学で明らかにする草花の自立・協働

第2章

草花にひそむ"しきつめ模様"

2.1　クローバーは円をひし形でつくる

　前章の1.1で取り上げたクローバーは，よく見ると3枚のハート形からできている。

　このハート形は，数学的に言い換えると心臓系（カーディオイド）という。式を書き，グラフソフト（Casio-Pad）を使って描くと，クローバーのハート形とは若干異なるが，以下のようになる。もう少しクローバーの形を調べてみよう。

資料23

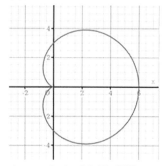

クローバーにひし形が隠れている（カーディオイド）

資料24

このひし形は72°，108°をもつ

　資料23，24から，クローバーの中に正五角形をつくるひし形があることがわかる。

第2章 草花にひそむ"しきつめ模様"

資料25

資料26

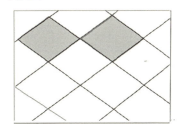

正五角形の外角は360÷5＝72，内角は180−72＝108

　このひし形を切り取って，何枚ものひし形で平面を敷き詰めると，すき間なく敷き詰めることができる。

　クローバーは，このような特徴をもったひし形と半円を2枚ずつ組み合わせた，個性的な形をつくっていたのだ。

資料27

資料28

　また，ひし形のもつ鋭角は72°であり，72°×5＝360°となるため，1点の周りに5枚敷き詰めれば，資料28のような5枚の花びらの関係が見えてくる。

資料29

資料30

次に，下のさつきの花はどのように正五角形を作ろうとしているのかを調べてみる。

資料31

資料32

5枚の花びらからは，資料32のように外側の円に内接し，互いに外接し合う5枚の円が見えてくる。中でも，中央下の黒い三角形の頂角は，$360 \div 5 = 72°$で，底辺はちょうど正五角形の1辺となっていることが読み取れる。また，以下のように，別の見方もできる。

資料33

(1) 原点Oを中心として半径2の円Oを描く。

(2) x軸上に2点O_1(-1, 0)，O_2(1, 0)を取り，それらを中心とする半径1の円O_1，O_2を描く。

(3) 2円O_1，O_2は円Oに内接する。

(4) y軸と円Oとの交点を上からそれぞれ点A, A'とする。

(5) 点A'を中心として2円O_1，O_2に接する円を描く。

(6) 円Oと円A'との交点をそれぞれ，B，Cとすると，BCの長さは，半径2の円Oに内

資料34

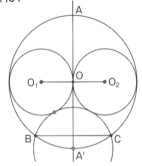

接する正五角形の 1 辺の長さとなる。

（7） この長さで円 O の周を区切ると，円 O に内接する正五角形がで
きる。

解説：座標を使い，式で円 O に内接する正五角形の 1 辺を求める。

円 $O_1:(x+1)^2+y^2=1$　　　円 $O_2:(x-1)^2+y^2=1$ に外接する円 A'
の方程式は，$A'O_1=\sqrt{5}$ から，円 A' の半径は $\sqrt{5}-1$。

円 A'：$x^2+(y+2)^2=(\sqrt{5}-1)^2$ 　　　　　　　　　　　①

円 O：$x^2+y^2=22$ 　　　　　　　　　　　　　　　　　②

①，②から，交点 C $(x,\ y)$ を求めると，　$y=-(1+\sqrt{5})/2$ であ
るから，

$x=\sqrt{|(5-\sqrt{5})/2|}=\sqrt{|2(5-\sqrt{5})|}/2$

したがって，$BC=2x=\sqrt{|2(5-\sqrt{5})|}$ となる。

ここで，△BOC に余弦定理を適用して∠COD $=\theta$ を求めると，

$BC^2=2^2+2^2-2\times4\cos\theta=8(1-\cos\theta)=2(5-\sqrt{5})$

$\cos\theta=(-1+\sqrt{5})/4$ 　　　　∴　　$\theta=72°$

したがって，$BC=\sqrt{|2(5-\sqrt{5})|}$ は，半径 2 の円に内接する正五
角形の 1 辺を表していることがわかる。

BC の長さで，円 O の円周を区切っていけば，それぞれ円周角が72°
となり円周が 5 等分され，線分で結べば正五角形ができあがる。

2.2 草はどんな五角形で平面を敷き詰めようとしているのか

正五角形をつくっても，正五角形では平面をすき間なく敷き詰めるこ
とはできない。

第4編　科学の言葉＝算数・数学で明らかにする草花の自立・協働

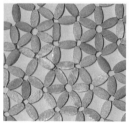

資料35のしきつめ模様，一見正五角形で敷き詰められているように見えるが，よく見ると，正五角形のしきつめではないことがわかる。

次に，平面に敷き詰められる五角形について調べてみる。

上図の葉（資料36）はどのような性質をもった五角形なのだろうか。

真上から写真を撮ると，正五角形ではないが，路上でよく見る次の形をしたものだとわかる（資料38-40）。

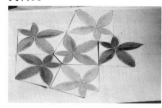

これを図に描いて敷き詰めてみると，次のように平面を敷き詰めていることがわかる（資料41）。

資料41

第3章
草花たちの相似
―曲線図形の相似とは？―

3.1 直線図形の相似

次の資料42のような，一見すると三角形のような大小異なる葉が枝に付いて　並んでいることがある。

資料42

ここからつくることができる数学教材を考えてみよう。

資料43

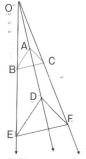

資料44

まず，三角形の相似の振り返りから三角形の相似変換を考える。

左の図（資料43）で，点Oから頂点A,B,Cに引いて延長すると，頂点D，E，Fを通る関係が見えてくる。この関係から，次のことがわかる。

△ABCを同じ比で拡大・縮小して△DEFに一致するとき，これらの2つの図形は相似図形という。植物はそれだけでなく，次のような一般の直線図形，曲線図形でも相似図形をつくろうとしている。

左の資料43のように，点Oから頂点A，B，Cに引いて延長して，頂点D，E，Fを通ることによって，△ABCから△DEFへの相似変換を考える。

△ABC ∽ △DEF

f：△ABC　→　△DEF

以降ではさらに、草花から曲線図形の相似関係を学んでみよう。

3.2　曲線図形でつくる相似

下の資料45-46を見るとわかるように、葉が小さくなってくると、微妙に相似関係が破れてくるが、どれも同じ形＝相似図形をつくろうとしていることがわかる。

資料45

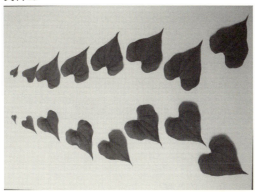

資料46

直線図形で相似の関係を読み取ることができたことを踏まえ、次に、直線図形の相似から曲線図形の相似について考えてみよう。

3.3 カーブの曲がり具合を測る曲率

　曲線図形の相似を考えるときに，一番わかりやすいのが円で，円であれば，どんなに半径が異なっていても，みな一律に拡大・縮小すれば，一方が他方に重なって相似となる。花が円を好むのはそのためかもしれない。

　曲線図形は，直線部分とカーブの部分からできている。カーブの曲がり具合は適当な大きさの円を重ねると測ることができる。この円のことを曲率円，この円の半径のことを曲率半径という。これによって緩いカーブか，急なカーブかを数値で表すことができ，曲線図形の相似関係を調べることができる。

資料47

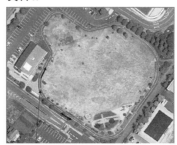

　資料47は，ある公園の400mトラックである。コースに沿ってまわりながら競走すると，急なカーブと緩いカーブ，左回りのカーブ，右回りのカーブなどに出合う。

　この曲がり具合を測るときは，次頁の資料48のように，様々な半径をもつ円をカーブに当てはめ曲率を測る。

　A，B，C，D，E，Gは左回り，F，H（白い円）は右回りとなっている。カーブの曲がり具合（曲率）を曲率円の半径の逆数で表す。Cの半径を10とすると，そのカーブの曲率は$1/10 = 0.1$，Bの半径を5とすると，このカーブの曲率は，$1/5 = 0.2$となり，Cよりも急なカーブとなることがわかる。

第3章 草花たちの相似—曲線図形の相似とは？—

資料48

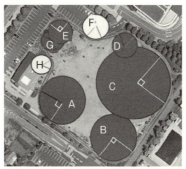

　それでは資料49の2枚のハート形が相似となるときは，どんな条件が成り立てばよいのだろうか。

　たこ形の2つの直線図形が相似のとき，この直線図形の相似比を求め，3頂点を中心とする3個の円の半径を求めると，大小2種類の円の半径の比と直線図形の対応する辺の比（相似比）とが同じであることから，これらの2つのハートの形は，小さい方を拡大して大きい方に重ねると一致することになる。こうして2つのハート形が相似であることを知ることができる。

資料49

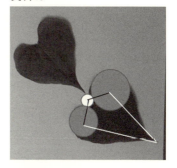

資料50

3.4　相似な曲線図形を描く葉

　身近な草花，葉っぱは，何気なく相似な形をつくっていると思いがちだが，多くの植物たちが数学的な知識を駆使して生きていることに驚かされる。

　前に見てきたように草花，葉たちは円が好きなようだ。このヒントを

基に観察してみると，円に内接しながら，同じ角度で葉を伸ばして成長し，複雑な形でも，比較的容易に相似形を見つけることができる。

資料51

資料52

資料53

3.5 数学の話題から

円はどれも相似になる。それでは，放物線はどうだろう？ 次のグラフ（資料54）は，放物線 $y = 2x^2$（図中アのグラフ）と $y = 0.5x^2$（図中イのグラフ）のグラフである。これらのグラフは相似であると言えるだろうか？

相似な図形ならば，原点 O から直線を引き，この2本の放物線と交

第3章　草花たちの相似—曲線図形の相似とは？—

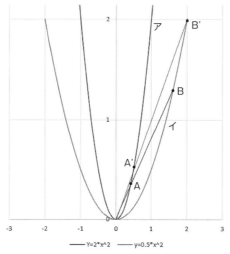

わった点をA，Bとすると，Oを通るどんな直線でもOA：AB＝一定となるはず。実際，$y=mx$という直線と，$y=2x^2$，$y=0.5x^2$との交点A，Bを求めてみる。

　$y=mx$と$y=2x^2$との交点Aは，$mx=2x^2$から，

　$x=m/2$，$y=m^2/2$から，A$(m/2, m^2/2)$で，OA$=1/2\sqrt{1+m^2}$

　交点Bは，$y=mx$と$y=0.5x^2$から，$x=2m$となり，$y=2m^2$から，

　B$(2m, 2m^2)$で，OB$=2\sqrt{1+m^2}$とわかる。したがって，

　AB$=3/2\sqrt{1+m^2}$

　OA：AB$=1/2\sqrt{1+m^2}$：$3/2\sqrt{1+m^2}$ $=1:3$

　$y=mx$の傾きがどんなときでも，$y=mx$と2つの放物線との交点の日は，OA:OB=1:3　と　傾きmに関係なく一定なので，放物線$y=2x^2$と$y=0.5x^2$の2つの曲線は相似形となっていることがわかる。

第 5 編　GIGAスクール時代の「数と計算」

第 1 章
位数モデルと基数モデル

　小学校の「数と計算」の指導をどのように考えたらよいのだろうか。
　筆算の指導は従来の伝統的な指導形態で教えられているが，昭和の時代の「数と計算」では，通常の筆算を支えるものとして学校の内外で「そろばんと暗算」が教えられていた。しかし，今日の学校ではその環境はほとんどなくなっている。電卓やデジタル端末を使えばよいとされる背景がある中で，数と計算の指導が曖昧な状態におかれていないだろうか。「デジタル端末を使いながら筆算を学ぶ」とはどのようなことなのか，本章で考察する。
　デジタル機器の持ち込みを前提とした学力調査が行われる「GIGAスクール」の時代，さらには，従来型の「数と計算」では扱わなかったような大きな数や多量のデータ，複雑な構造をもつ計算を電卓やタブレットを使って即時に求められる「教育DX（デジタル・トランスフォーメーション）」の時代において必要とされる，数と計算を考えてみよう。
　そこでは単に計算ができるというだけでなく，それが意味するものを理解し，計算結果が本当に正しいかどうか自分自身で考えることができる，思考力・判断力・表現力が問われている。
　従来教えられている数と計算のモデルは，数とは単位①が何個あるのかを表現するために「位の部屋」をもうけ，各「位の部屋」に0から9までの単位①を入れて10のかたまりができたら，次の部屋へ移る。そこで，10のかたまりが10個集まったら，より大きな次の（百の）部屋に移

第5編　GIGA スクール時代の「数と計算」

るという考え方で，数を末位から順に書き足していく「位数モデル」が一般的だろう。小学校での数と計算の指導ではこうした概念を使い，単一の計算方法を多数で同時一斉的に学ぶ学習が行われてきた。しかしこれだけでは，今日のデジタルとリアルの融合社会を表現するためのリテラシーの育成には不十分である。

　数や量の単位も，最近では，デジタルで表現されるグローバル社会，宇宙や素粒子の世界を基準にしたものが身近になった。そこでは次のような，極めて大きい数，極めて小さい数が使われるようになった。

　ここで注意すべきことは，日本では，10^{-4}，10^4の単位を，英語では，10^{-3}，10^3の単位を使って表していることである。

　1アト秒とは，分子の周りを動く電子の速さを表し，最近よく目にするだろう。さらに，億，兆を超えた地球規模，宇宙規模の大きな数，マイクロ，ナノを超えた微細な半導体粒子，マイクロ波や素粒子を表現する小さい数を処理することが求められ，そこでは手による計算だけでは

1	一（いち）	$1／10$	分（ぶ）	デシ	（d）
10	十（じゅう）	$1／100$	厘（りん）	センチ	（c）
100	百（ひゃく）	$1／1000$	毛（もう）	ミリ	（m）
1000	千（せん）	$1／10^6$	糸（し）	マイクロ	（μ）
10^4	万（まん）	$1／10^9$	忽（こつ）	ナノ	（n）
10^8	億（おく）	$1／10^{12}$	微（び）	ピコ	（p）
10^{12}	兆（ちょう）	$1／10^{15}$	繊（せん）	フェムト	（f）
10^{16}	京（けい）	$1／10^{18}$	沙（しゃ）	アト	（a）

1		
10	デカ	d a
100	ヘクト	h
10^3	キロ	k
10^6	メガ	M
10^9	ギガ	G
10^{12}	テラ	T
10^{15}	ペタ	P

第1章　位数モデルと基数モデル

不可能で，デジタル機器やパソコンソフトなどを使った計算技術を使いこなす能力の育成が必要とされる。

　では，それらを学校現場でどのように実現すればよいのか，以下にいくつか提案する。

（その1）　小・中の連携を意識した位数モデル，基数モデル

　　　　　　位数モデルとは，先に述べたように，現在の学校で使われている手法で自然数を考えるとき，1が何個あるかをもとに表現するモデルといえる。

　　　　　　たとえば，256は，1が6個，10が5個，100が2個，これを位取り表を使い，1，10，100のかたまりが何組あるかで以下のように表現するモデルといえる。

　　　　　　ここでは，各位の部屋には，0から9までしか入らない。

　これに対して，本論で扱う「基数モデル」では，一の位の部屋を単位（1），十の位の部屋を単位（10），百の位の部屋を単位（100）が住む部屋と捉え，256という数は右のように様々に表現できる。

　一般に位数モデルでの足し算は　末位から行うが，基数モデルでは，単位ごとに計算するので，頭位からでも計算できる。

　684＋738の計算をこの基数モデルを用いて行ってみる。

百の位	十の位	一の位
2	5	6

(100)	(10)	(1)
2	5	6
	25	6
2		56
		256

95

第5編　GIGAスクール時代の「数と計算」

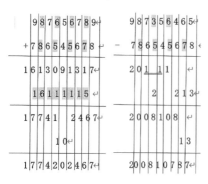

この種の計算は，下記のようにすれば何桁でも頭位から計算できる。もちろん2段に分けずに，暗算で計算して1段でもよい。

例えば，下図の1000－213は1000を基数モデルで下のように表記できる。左図は9桁の数の加減である。

	(100)	(10)	(1)
	9	9	10
−	×2	1	3
	7	8	7

こうした頭位からの計算は現在学校ではあまり行われていない。

昭和の中頃までは，末位からの筆算が主であったが，同時に暗算，珠算も教えており，これらによって頭位からの計算も併用して行われていた。電卓の普及に伴い，これらは扱われなくなった。しかし，デジタル社会での多量データ処理の時代に即した計算の在り方としては，こうした頭位からの計算は，「21世紀スキル」の1つとして，また，小・中・高の連携，中学校での文字式を使った計算処理との連携の立場からも，小学校の数と計算の学習で教えることが必要である。以下に，具体事例で示す。かけ算の場合で，例えば23×36。

単位（10）が2と，単位（10）が3で単位（100）が2×3＝6個。

単位（1）が3個と，単位（1）が6個で，単位（1）が3×6＝18個で単位（10）が1，単位（1）が8。

単位（1）の部屋で，9×9を計算しても，最大81にしかならないので，これらが，（100）の部屋に影

響を及ぼすことはない。そこで，

$(10a + b) \times (10c + d)$ の計算で，$100ac + bd$ の計算は1段で書ける。先述の例では618。

次の段には，$10ad + 10bc = 10(ad + bc)$ を計算し，（10）の部屋に $ad + bc$ を書く。先述の例では，$12 + 9 = 21$。

これらを頭位から計算して，828が得られる。

上の単位の計算から，次の筆算形式が生まれる。$23 \times 36 = 6(100) + 21(10) + 18(1) = 8(100) + 2(10) + 8(1) = 828$

この計算は，$(10a + b)(10c + d) = 100ac + 10(ad + bc) + bd$ の計算につながる。

引き算も次のように頭位から行える。

$10000 - 6873$ は，10000が左のように捉えられるので，下のような計算ができる。

(10000)	(1000)	(100)	(10)	(1)
1	0	0	0	0
	9	9	9	10

これを利用して，次のような大きな数の計算も筆算でできるようになる。

$987654 \times 999999 = ?$

$987654 \times (1000000 - 1)$

$= 987653000000 + (1000000 - 987654)$

$= 987653\,012346$

	9	9	9	10
−	6	8	7	3
	3	1	2	7

積の上位6桁は，「被乗数 − 1」で987653，下位6桁は，987654の補数を使い012346となる。

こうした計算に慣れると，次のような計算が可能となる。

$111 \times 111 = 12321$　から

$123454321 \div 11111 = 11111$

$$
\begin{array}{r}
111 \times 111 = 12321 \\
111 \\
\times\,111 \\
\hline
11100 \\
1110 \\
111 \\
\hline
12321
\end{array}
$$

第5編　GIGA スクール時代の「数と計算」

さらに，

（100）　（10）　（1）

　a　a＋b　b　　＝　1 1 × a b

	1	1
×	a	b
a	b	0
	a	b
a	a+b	b

例えば，374÷11で7＝3+4から商34，これは繰り上がりがある場合にも使うことができ，902÷11で10＝8＋2から，82　さらに，11，101は素数だけれど，

$111 = 3 \times 37$，$1001 = 11 \times 91 = 7 \times 11 \times 13$，$111111 = 1001 \times 111 = 11 \times 91 \times 3 \times 37 = 3 \times 7 \times 11 \times 13 \times 37$

などの計算が頭位からできる。

　小数の表記は以下のようになる。

(1)	(1/10)	(1/100)
3.45		
	34.5	
		345

3.45÷5＝単位（1/100）で345÷5

分数も基数モデルで単位の変換（通分）をすると，次のようになる。

(1)	(1/3)	(1/4)	(1/12)
2/3	2		8
3/4		3	9
17/12			17

第2章

九の段の九九表から "きまり" を探る

九九表はかけ算の様々な決まりを内包している。これをただ暗記するだけでなく，"きまり" を探り，そこから得た知識を計算に応用することが求められる。まず，9の段を見る。9の段の九九は，十の位の数と一の位の数の和はすべて9となる。

(10)	(1)
($\square - 1$)	($10 - \square$)

$$9 \times 1 = 9$$
$$9 \times 2 = 18$$
$$9 \times 3 = 27$$
$$9 \times 4 = 36$$
$$9 \times 5 = 35$$
$$9 \times 6 = 54$$
$$9 \times 7 = 63$$
$$9 \times 8 = 72$$
$$9 \times 9 = 81$$

$9 \times \square$ は， と表すことができる。

例えば 9×7 は (10) が $7 - 1 = 6$，（1）が $10 - 7 = 3$ で，$9 \times 7 = 63$。

別の見方をすると，63は $6 + 3 = 9$ だから，9で割り切れる。

また，十の位 a で一の位 b となる2桁の数で，$a + b = 9m$（m 正の整数）とすると，$10a + b = 10a + (9m - a) = 9a + 9m = 9(a + m)$ となり，9の倍数となる。99と2桁の数では，以下のようになる。

(a) 十の位 a，一の位 b となる2桁の数 ab とすると，$99 \times ab$ は，

$$99 \times ab = (100 - 1)ab = 100ab - ab = 100(ab - 1) + (100 - ab)$$

であるから，暗算で，百の位で $ab - 1$，一の位で $100 - ab$ となる。

99×78 でいえば，$99 \times 78 = (100 - 1) \times 78 = 7800 - 78$

$$= 7700 + (100 - 78) = 7722$$

99×78 は，百の位で，$78 - 1 = 77$，一の位で78の補数は22。

したがって，99×99 ならば積9801，99×83 ならば積8217。

では，999999×123456 と6桁の数になったらどうだろうか？

$$999999 \times 123456 = (1000000 - 1) \times 123456$$

$$= (123456 - 1) \times 1000000 + (1000000 - 123456)$$

99

第5編　GIGA スクール時代の「数と計算」

$= 123455876544$

と，単位（1000000）で，$123456 - 1 = 123455$，単位（1）で補数
$1000000 - 123456 = 876544$となる。一般に，6桁の数 a では，
$999999 \times a$，単位（1000000）が$(a-1)$，単位（1）が$(1000000 - a)$
となり，999999×987654なら，その積は987653012346となる。

　こうした大きな数の計算で，筆算での答えが正しいかどうかを確認
するときはどのようにすればよいのだろうか。Excel などで確認する
ときは，大きな数の場合，$9.87653\text{E} + 11$のようにエラー表示が出て
しまうことがままある。これは，「標準」で求めていたために発生し
たことで，このようなときは，選択するセルの上で右クリックして，
「セルの書式設定」を選び，「数値」を選べば，次のように，大きな桁
の数値も正しく表現できる。

a	b	a×b
999999	987654	9.87653E+11
999999	987654	987653012346

(b) 2桁の数は九九表から，十の位の数と一の位の数を足した数が9に
なれば，9で割り切れることがわかったが，3桁，4桁……の数が9
で割り切れるかどうかは，どのようにすればわかるのだろうか？　ま
ず，3桁の数を abc とし，abc が9で割り切れるかどうかを調べるた
めに，これまでのことをふまえて，
$a + b + c = 9$ならばどうだろうか。

　例えば，$873 \div 9$のとき，これは$8 + 7 + 3 = 18 = 2 \times 9$　9の倍
数。実際に割ってみると，$873 \div 9 = 97$　となり，割り切れる！　こ
の予想は正しいだろうか。

　$a + b + c = 9m$（m を正の整数）とすると，3桁の数$100a + 10b + c$ は，
$100a + 10b + c = 100a + 10b + (9m - a - b)$
$$= 99a + 9b + 9m = 9 \ (11a + b + m)$$

第2章　九の段の九九表から"きまり"を探る

となるので，9で割り切れることがわかる。

　これは何桁の整数でも同じである。

　例えば，9873は，$9+8+7+3=27=9\times3$であるから，

　これを9で割ると，

$$9000+800+70+(9\times3-9-8-7)$$

$$=9\times(1000-1)+9\times(100-1)+7\times(10-1)+9\times3$$

$$=9(111\times9+11\times8+7+3)=9(999+88+10)=9\times1097$$

となり，9873は9で割れる。

　こうした性質は，分数の約分のときなどに役に立つ。9は3の倍数なので，3はどうだろうか。

```
      1 0 9 7
    ×       9
    9 8 1
          6 3
    9 8 7 3
```

(c) 3桁の数 abc があり，この数の和 $a+b+c$ が3の倍数ならば，この数 abc は3の倍数。これは，先ほどの方法を繰り返せばよい。すなわち，

$a+b+c=3m$　（m は正の整数），

$100a+10b+c=100a+10b+3m-a-b$

$\qquad\qquad=99a+9b+3m=3(33a+3b+m)$で3の倍数。

　これは何桁の整数でも同様である。

　このようにして，まずは3の倍数かどうか調べ，3で割っていけばよい。また，素数倍を調べるために，素数の性質も知っておくとよい。

　100までの25個の素数のうち1桁の2，3，5，7を除いた2桁の素数を一の位の数で分類してみると，以下のようになる。

末位							計
1	1 1	3 1	4 1		6 1	7 1	5
3	1 3　2 3		4 3　5 3		7 3　8 3		6
7	1 7	3 7	4 7		6 7		9 7	5
9	1 9　2 9			5 9		7 9　8 9		5

101

第5編　GIGA スクール時代の「数と計算」

第 **3** 章

電卓と筆算を同時に使った計算

　8桁の電卓を使うと，4桁×桁は筆算の1桁×1桁の九九と同じで
あるとみなすことができる。そこで，8桁×8桁の計算は筆算の2桁の
計算と同じ扱いとして計算してみる。

$$
\begin{array}{r}
9876\ \ 5678 \\
\times 6789\ \ 4567 \\
\hline
6704\ \ 8164\ \ 2593\ \ 1426 \\
4510\ \ 3692 \cdots\cdots 9876 \times 4567 \\
3854\ \ 7942 \cdots\cdots 6789 \times 5678 \\
\hline
6705\ \ 6529\ \ 4227\ \ 1426
\end{array}
$$

　この計算ができるのは，8桁の電卓では，$9999 \times 9999 = 99980001$
と4桁×4桁で8桁以内に収まるからである。16桁×4桁の計算はどう
するのだろうか？　これは基数モデルで4桁×1桁の筆算と同じように
できる。たとえば，9876×8 で考えてみよう。

$$
\begin{array}{r}
9876 \times 8 = 79008 \\
\hline
7256 \\
6448 \\
\hline
78908 \\
90
\end{array}
$$

　したがって，79008。　では，16桁×4桁の計算は，

102

第3章　電卓と筆算を同時に使った計算

```
          9876  8765  7654  6543 × 8765
    8656  3140  6708  7310       ←9876×8765, 7654×8765
          7682  5225  5734  9395←8765×8765, 6543×8765
    8656     1  1933        9395
       1  0822     1  3044
    8657  0823  1934  3044  9395
```

　このように，電卓だけでは計算できないものも，電卓と筆算を組み合わせたり，協働したりして行えば，大きな桁の計算も比較的簡単に計算できる。

第5編　GIGA スクール時代の「数と計算」

第4章

筆算とパソコンを使って数のきまりを見つける試み

　とまと，しんぶんし，たけやぶやけた　など，児童・生徒にとって関心の高いものに，「前から読んでも後ろから読んでも同じになる」言葉＝回文がある。この回文に相当する数はあるだろうか？　12321，99などがこれに当たる。

　27＋72の十の位の数と一の位の数をひっくり返して足すと，27＋72＝99と回文数ができる。ところが，

　67＋76などは，67＋76＝143で，回文数にならない。しかし，これをさらに続けて，143+341を計算し，143＋341＝474と2回続けると，回分数が出てくる。そこで，2桁の整数のうち，いくつ回文数があるのだろうか？　という問いが生まれる。

　11から99までで回文数を探してみると，次のようになる。

資料1

a＼b	1	2	3	4	5	6	7	8	9
1	11	12	13	14	15	16	17	18	19
2	21	22	23	24	25	26	27	28	29
3	31	32	33	34	35	36	37	38	39
4	41	42	43	44	45	46	47	48	49
5	51	52	53	54	55	56	57	58	59
6	61	62	63	64	65	66	67	68	69
7	71	72	73	74	75	76	77	78	79
8	81	82	83	84	85	86	87	88	89
9	91	92	93	94	95	96	97	98	99

　　　　　□ はそれ自身回文数

　　　　　□ は、繰り上がりがないので、主対角線に対して対称な数を足すと回文数
　　　　　例　53＋35＝88

①　19、28、37、46

　　19＋91＝110，28＋82＝110，37＋73＝110，46＋64＝110

$$110 + 011 = 121$$

② 29，38，47，56

$$29 + 92 = 121$$

③ 39，48，57

$$39 + 93 = 132, \quad 132 + 231 = 363$$

④ 49，58，67

$$49 + 94 = 143, \quad 143 + 341 = 484$$

⑤ 59，68

$$59 + 95 = 154, \quad 154 + 451 = 605, \quad 605 + 506 = 1111$$

⑥ 69，78

$$69 + 96 = 165, \quad 165 + 561 = 726, \quad 726 + 627 = 1353, \quad 1353 + 3531 = 4884$$

⑦ 79

$$79 + 97 = 176, \quad 176 + 671 = 847, \quad 847 + 748 = 1595, \quad 1595 + 5951 = 7546$$

$$7546 + 6457 = 14003, \quad 14003 + 30041 = 440044$$

ここで，最後に残った89はどうなるだろうか？

Excel で試行してみると，次のページの表で24回目に8813200023188が出る。このようにデジタル機器を使うと筆算を超えた扱いができるようになる。

第 5 編　GIGA スクール時代の「数と計算」

資料 2

		回分数			
	a	b	a + b	=(a+b)/11
1	89	98	187	17
2	187	781	968	88
3	968	869	1837	167
4	1837	7381	9218	838
5	9218	8129	17347	1577
6	17347	74371	91718	8338
7	91718	81719	173437	15767
8	173437	734371	907808	82528
9	907808	808709	1716517	156047
10	1716517	7156171	8872688	806608
11	8872688	8862788	17735476	1612316
12	17735476	67453771	85189247	7744477
13	85189247	74298158	159487405	14498855
14	159487405	504784951	664272356	60388396
15	664272356	653272466	1317544822	119776802
16	1317544822	2284457131	3602001953	327454723
17	3602001953	3591002063	7193004016	653909456
18	7193004016	6104003917	13297007933	1208818903
19	13297007933	33970079231	47267087164	4297007924
20	47267087164	46178076274	93445163438	8495014858
21	93445163438	83436154439	176881317877	16080119807
22	176881317877	778713188671	955594506548	86872227868
23	955594506548	845605495559	1801200002107	163745454737
24	1801200002107	7012000021081	8813200023188	801200002108

　さらに，次のようなことを考えると，数値のみの計算から分布への関
心も重要な視点となる。

事例：市販の正30面体のサイコロ 1 個を投げる場合と，通常の 6 の目の
　　　サイコロ 5 個を同時に投げたときの目の出方に違いがあるのだろ

うか。模擬実験で確かめてみる。正30面体のサイコロは1から4もあるが出る目の数は両方とも5から30までの数とする。

この実験を行った場合，結果はどうなるのだろうか？ もちろん，正30面体のサイコロの各面（1～30）が出る確率は1/30。通常のサイコロ5個を投げて5～30までの目が出る確率は一様分布とはならず，下の表のような分布となる。Excelでサイコロ実験について集計した以下のグラフ（資料3）は，randbetween（1, 6）関数で2回模擬実験した結果を示す。5個のサイコロの和はこの関数の計算を5回実施し，その和を求め，これを100回繰り返した分布となる。

資料3

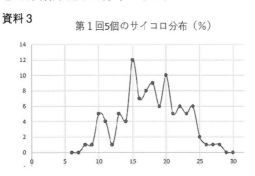

第1回5個のサイコロ分布（％）

5個の和が15となる回数が1回目の実験では，100回中12と一番多く，2回目の実験では，和が20となる回数が100回中14となった。1回目と2回目の模擬実験結果は若干異なるが，正規分布に近い分布となる。

資料4

第2回5個のサイコロ分布（％）

資料5

正30面体サイコロ1個の出現分布

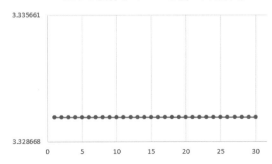

　以上の事例のように，デジタル機器を使い模擬実験をすることによって，数学的な仕組みを知ることができる。

【引用・参考文献】

1　町田彰一郎『なぜ，その人は計算が速いのか？』，東洋館出版社，2006. 8.
2　町田彰一郎『数学の目で見るシリーズ①〜⑪　素朴な疑問−小・中の橋渡しの巻』，教科教育数学，No. 196〜206，学校図書.
3　町田彰一郎「小学校から中学校へそして高校へ，高校から中学校へそして小学校へ」，2008年度数学教育学会春季年会発表論文集，数学教育学会会誌臨時増刊号，239-241, 2008.
4　町田彰一郎「乗法指導の歴史的・Base Model 的考察-21世紀型新教材の開発に向けて—」，第38回　数学教育論文発表会論文集，論文発表の部，日本数学教育学会，2005.
5　長嶋　清（元青山学院大学），町田彰一郎（埼玉大学名誉教授）「小学校から中学校への滑らかな接続を意識した『数と計算』—『放課後学習』実践研究を通して」，2023年度　数学教育学会夏季研究会（関東エリア），2023. 7.

第 **6** 編 新型コロナ感染状況調査を題材とした PBL（Project/Problem Based Learning）事例

第**1**章

PBL とは

　21世紀の変容期，気候変動，技能格差，経済格差，教育格差も含め，取り上げると際限のない諸問題が世界を覆っている。こうした中，課題解決型授業，Active Learning，探究型授業，自立・協働型授業の一環として，近年 PBL（Problem/Project Based Learning）を意識した授業が話題となっている。

　PBL には，大別して 2 つのアプローチがある。1 つはチュートリアル型としての Problem Based Learning，もう 1 つは実践体験型としての Project Based Learning。実践体験型の PBL は，環境教育などで環境団体や市町村の担当部局の人たちと児童・生徒たちがプロジェクトをつくり，さまざまなメディアで取り組む活動などが報道されている。

　本論では，PBL を Problem Based Learning として扱い，現実の課題を扱い，自分なりの課題意識をもちながら，少人数の学習者同士で，自立・協働しながら課題解決をしていく授業を想定している。特にこうした PBL の授業では，最近話題の ChatGPT や VR（Virtual Reality）などが課題となる。実際に見たり，対話したり，疑似体験したりして得た知見が，真に正しいものか，価値あるものかを，自らの中で，ときには仲間との間で判断する能力を得ることが重要である。

　しかしながら，これを算数・数学の授業として取り上げようとするとき，現実の課題が多くの授業者を悩ませている。日本の伝統的授業形態である「黒板と教科書」による一斉授業で，教師指導の，SBL（Subject Based Learning）で終わりがちである。そこで，本論では，この課題の解決策を PBL に求め，この数年間体験してきた「新型コロナの感染状況」の事例の中から，身近な事象を Excel の活用を通して取り上げた授業の実践を提案する。

第 2 章　PBL のための ICT の活用

第 **2** 章

PBL のための ICT の活用

コロナウィルスの感染状況は，緊急事態宣言期間中を含め2020年１月から2023年５月の感染者情報の停止までの間，日々のメディア報道により明らかになっていた。重要なことは，その数値やグラフを見て報道される情報に一喜一憂するだけでなく，データから感じ取る疑問に真摯に向き合い，仲間とともに自ら課題解決する態度を育成するところにある。こうしたことを教室で取り上げて授業が進めば，それは PBL の授業といえるだろう。

本章では，そのために必要な ICT 活用技法として，教室で扱うことを前提とした Excel によるデータ処理に関して基礎的な情報を提示する。

2.1　度数分布表から折れ線グラフ，相関図，相関係数へ

2020年12月27日から2021年１月19日までの新型コロナ感染者数を次頁の表１に示す。数値は，Excel にページごと横書きで第３波から８波まで入力している。これを表２のように縦書きに並べてコピーする。これも，Excel では容易に操作できる。横書きのデータを反転表示し，コピー → 貼り付ける場所に行き → ［形式を選択して貼り付け］→［行／列を入れ替え］ を順次選び，OK を押すと，横書きが縦書きになって表示される。表１，２の４列は左の列から，次項のとおりに並ぶ。

第３波の状況

（１）　通し番号，

（２）　2020年12月27日～2021年１月19日の日にち，

（３）　感染者数，

（４）　１月１日前後の日の感染者平均値を付け加える。

111

第6編　新型コロナ感染状況調査を題材としたPBL（Project/Problem Based Learning）事例

表1

36	27	2949	2949
37	28	2400	2400	(GOTOトラベル)
38	29	3605	3605	一斉中止
39	30	3852	3852
40	31	4520	4520
41	1	3790	2021年1月
42	2	3060	3060
43	3	3060	3060
44	4	3321	3321
45	5	4914	4914
46	6	6000	6000
47	7	7571	7571

表2

48	8	7882	7882	2回目の緊急事態宣言
49	9	7781	7781
50	10	6095	6095
51	11	4876	4876
52	12	4539	4539
53	13	5870	5870
54	14	6606	6606
55	15	7133	7133
56	16	7014	7014
57	17	5760	5760
58	18	4925	4925
59	19	5320	5320

　これを含めた2020年11月から2021年2月までの感染者数の分布をグラフに表すと，図1のようになる（データは朝日新聞朝刊に掲載された型コロナ感染者情報を採用）。横軸は通し番号である。

　表2をみると，通し番号48では，2021年1月8日で感染者数7882人であり，第2回の緊急事態宣言が出された日であるとわかる。

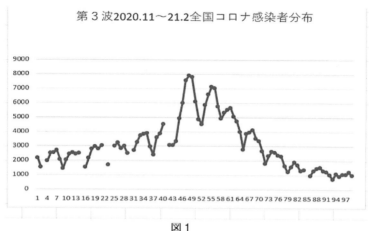

図1

2.2 7日間移動平均による統計グラフのスムージング

　第3波から第8波までの感染者数の変化を比較する，図1のグラフをもっと滑らかに表示したい。このようなときに，使われるのが移動平均である。本論では，統計教育との一環した授業を扱っているので，7日間の人数の変動の移動平均を実際に求めて，相関図をとってグラフを作った。そして，図1にあるような空白のデータをなくすために，前後の2つの数値の平均値で空白を埋めた（表1の41）。その後，7日目からデータ7の平均を求めつつ順次移動して7日から最後のデータまでこれを求め続けた。それが以下の表3である。枠で囲んである2155という数値は，左の2168から2685までの7個の平均値である（＝AVERAGE（F30:F36））。

　表3は，図2のようにAVERAGEを選んで，F30からF36までのセルに表示された7個の数の平均値を求め，最後までセルを移動して，8番目の値から最後の値を示している。表3の一番右の列は，今求めた式表示の平均値を，「コピー → 形式を選択し貼り付け → 値（V）」と選んで，式表示から数値表示へ変換したものである。

表3

2020年 11月	1	22	2168	2168				
	2	23	1520	1520				
	3	24		1733				
	4	25	1945	1945				
	5	26	2505	2505				
	6	27	2530	2530				
	7	28	2685	2685	→	2155	1	2155.07143
	8	29	2066	2066		2141	2	2140.5
	9	30	1441	1441		2129	3	2129.21429
2020年 12月	10	1	2028	2028		2171	4	2171.42857
	11	2	2434	2434		2241	5	2241.28571
	12	3	2518	2518		2243	6	2243.14286
	13	4	2442	2442		2231	7	2230.57143
	14	5	2508	2508		2205	8	2205.28571

第 6 編　新型コロナ感染状況調査を題材とした PBL（Project/Problem Based Learning）事例

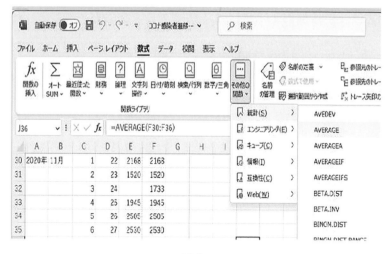

図 2

　表3の最も右の列では小数点以下5桁まで求めているが，実際は，小数点以下2桁まで求めるようにすればよい。そのためには，セルの書式設定を選び，数値 → 小数点以下の桁数（2）を選択する。この移動平均値を使って相関図を描けば，図3のように滑らかなグラフとなる（2020.12.31-2021.1.20）。

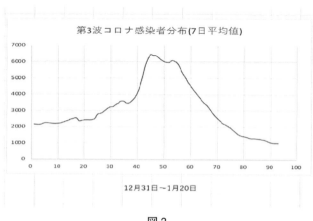

図 3

2.3　第4波から第8波までのグラフの時系列分析の表示

コロナの感染状況が日時とともにどのように変化するかを調べる。

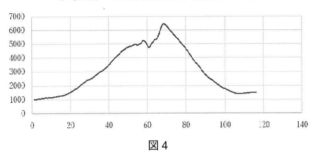

図4

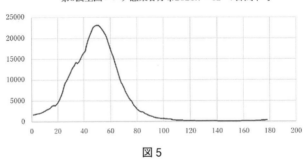

図5

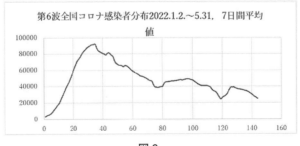

図6

第 6 編　新型コロナ感染状況調査を題材とした PBL（Project/Problem Based Learning）事例

第 7 波全国コロナ感染者数推移2022.6.1 -9.30：7 日間平均値

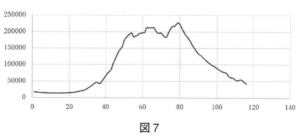

図 7

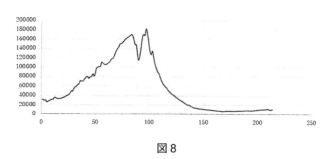

図 8

　各グラフにおける波での感染者数の最大値は，第 3，4 波では約 6 千人，第 5，6 波では約 2 万～9 万人，第 7，8 波では約23万人と，急激に増加していることがわかる。このように，Excel を使ってデータ分析をすると，問題解決するための skills は比較的容易に得られる。

　次に，PBL を通してデータサイエンスの基礎を身に付けるために，児童・生徒・学生が身に付けるべき課題解決能力について述べる。

　新型コロナウィルスが蔓延する状況下で抱いた自らの問いの解決に向けて，自立的に課題解決する能力を養う。そのために基礎知識として，コロナウィルスがもたらす社会的な課題とはどのようなものか。過去の各種データ，資料の中から見てみる。

2.4　歴史的な感染症パンデミック

○マラリア：紀元前 6 C 古代ローマ崩壊

16C　アメリカでアフリカ奴隷から感染
○ペスト(黒死病)：紀元前438-404　ペロポネソス戦争（ギリシャ）
　　　　　　　　14C 第１波～第３波　封建社会からルネサンスへ
　　　　　　　　1894年北里柴三郎　ペスト菌発見
○天然痘：紀元前12C　エジプト，
　　　　　16C　インカ帝国滅亡
　　　　　1770　インド 30万人死
　　　　　1996　英国　45,000人死
○スペイン風邪：1918-1920
○インフルエンザ感染者：5000万－１億人（第一次世界大戦1914-18）
　2002～2003 SARS：重症急性呼吸器症候群
○結核　　　　：774人 2012-
○MERS　　　 ：858人 2014-2016
○エボラ出血熱：11,325人 2019-2023
○新型コロナ　：100万人

2.4.1　各国，各県の人口，面積，人口密度と感染者数の関係の分析

　コロナ感染者分布を他の統計データとの関係で捉えてみる。まず，人口密度－コロナ感染者分布を他の統計データとの関係で捉える。ただ，どの時点を比べたらよいかといった課題は別にでてくる。これに県ごとの感染者数を対比できるようにグラフで表示してみると，図９のようになる。

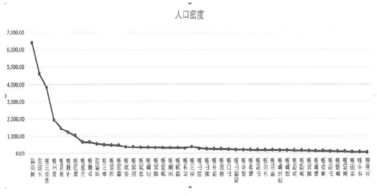

図９

第6編　新型コロナ感染状況調査を題材とした PBL（Project/Problem Based Learning）事例

　まず，人口密度。このデータから，首都圏4都県以外では，大阪，愛知，福岡，兵庫，広島，熊本，愛媛，山口，岐阜，鹿児島，北海道といった順で高いことがわかる。

　しかし，日本全体の第8波コロナ感染者数について，第8波を開始時期2022年10月1日と最多時期2023年1月6日のデータを Excel に表記し，相関係数を求めてみると0.8876で，開始時期と最多時期の分布は変わりがなく，人口密度が高い都道府県のコロナ感染率が高くなっていることがわかる。

　この事例のように，官庁やメディアからの報道結果を知らせ一般論として，知識を伝授させるだけでなく，個々の学習者が感じ取ったことを，Excel 等の ICT を使って処理し，他の学習者の間で議論させ，探究していく教育が「これからの時代を担う児童・生徒，学生の育成」に必要なことといえる。そのための教育が PBL，ということになるだろう。そのための検証が学会等で議論されることが大切となる。

　この事例でいえば，人口密度といっても，人口／面積で求めるものだけではない。現実的には，北海道のように壮大な広さをもつ土地だが，人が住んでいない地区が多くある地域の人口密度の計算はどのようになるのだろうか？　という疑問も出てくるだろう。

　これに対しては，人口／面積だけでなく（図10），人口／可住地面積

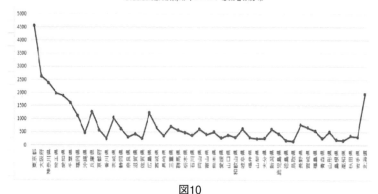

図10

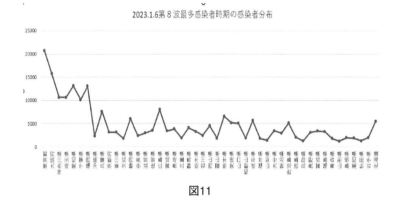

図11

で求める人口密度が必要だろう（図11）。こうした問題では，地域によってはこの点を考慮する必要が出てくる。

しかし国全体としての人口密度に関していえば，人口密度に関する両者の相関係数は0.988であった。中には，自分の住んでいる地域の問題として捉えたいという学習者も出てくる。そうした場合には，自らICTと数学を使いこなして調査する体験が求められる。そのための，教育環境，教員養成が必要となるだろう。

2.4.2　国際的な感染状況

感染開始時期の2020年の，国別感染者数上位7位までを表にしてみると，以下のようになる（「朝日新聞」2020年4月20日，6月9日，9月

表4　感染者の多い国・地域

	感染者	死者
米国	104万488	6万999
スペイン	23万6899	2万4275
イタリア	20万7591	2万7682
フランス	16万8543	2万4121
英国	16万6441	2万6166
ドイツ	16万1539	6467
トルコ	11万7589	3081

2020.4.20

表5　感染者の多い国・地域

	感染者	死者
米国	196万1185	11万1007
ブラジル	70万7412	3万7134
ロシア	47万6043	5963
英国	28万8834	4万0680
インド	26万7046	7473
スペイン	24万1717	2万7136
イタリア	23万5278	3万3964

2020.6.9

第6編　新型コロナ感染状況調査を題材とした PBL（Project/Problem Based Learning）事例

表6

	感染者	死者
米国	630万1321	18万9215
インド	428万0422	7万2775
ブラジル	414万7794	12万6960
ロシア	102万7334	1万7818
ペルー	68万9977	2万9838
コロンビア	67万1848	2万1615
南アフリカ	63万9362	1万5004

2020.9.8

表7

	感染者	死者
米国	1930万8466	33万4963
インド	1022万4303	14万8153
ブラジル	750万4833	19万1570
ロシア	304万7335	5万4559
フランス	261万9616	6万3235
英国	233万6688	7万1217
トルコ	216万2775	2万0135

2020.12.29

8日，12月29日参照）。

　コロナ感染が始まったときから，時が経つにつれて，欧米から南米，ロシア，インドへ，さらに，アフリカへと感染者が増加していることがわかる。また，国別の増加率をみると，米国の感染者は8カ月でほぼ18.4倍に，ロシアは約6カ月で6.4倍，インドは約38倍と急上昇していることが見て取れる。これが日本での第8波に対応する2023年まで進めると世界の様々な状況が見えてくる。こうしたことを PBL の課題として扱うときは，数学の授業として扱う以外に，他教科との連携としても考えることができる。そのときは PBL を数学授業の一環として，Problem Based ではなく，他教科との連携を考えた Project Based Learning として，他教科の教員のほか，様々な領域の専門家や協力者とともに形成することもできる。

　その中で使われた数学は，数学個別の授業では得られない異なった側面を学習者に見せることになるだろう。

2.5　データから何が読み取れるのか

　学習者自らがチャレンジするデータ解析事例−コロナは第8波で終息するといえるか，それとも再度続くか？−2023年5月，都道府県からの情報提供が取り止めになったことで，データの掲載は5月8日時点で新聞からなくなった。しかし，第8波のグラフ（図8）を見ると，感染者

数はゆうに15万人を大幅に超えており，近年に近づくにつれ，データは底辺をはっているように見えるが，実際はどのような動きをしているのか2023年4月2日から5月8日のデータから相関図をとってみると，次頁の図12のように上昇傾向が見える。

　感染者情報のデータをさらに詳細に調べると次のことが見えてくる。図9で求めた人口密度のグラフで，上位4都府県内に入る，東京都，神奈川県，埼玉県を選び，その数値を調べるとどうなるか。まず，東京都に隣接する神奈川県と埼玉県両県は，東京都に出かけて感染し，両県に戻り，両県にいる家族，住民に感染を広げる流れが考えられる。それを数値的に表現するにはどうするか。ここでは，神奈川県の感染者数＋埼玉県の感染者数と東京都の感染者数を比較してみる。すると，次のことを容易に予想することができる。感染者数が増加している時点では，東京＞埼玉＋神奈川。

　さらに2023年5月時点では，コロナ禍により，リモート・ワーク，遠隔授業等，感染の影響で在宅勤務，などのことから外出を控える傾向にあり，感染者数が減少傾向にあるときは，次の仮説が考えられる。感染者数が減少傾向にある時点では，東京＜埼玉＋神奈川。

　この仮説をもとにして，データを調査すると，次の表8，表9の結果が見えてくる。この表の数値の列は以下のとおりで，これら2つの表が示していることは，2023年3月26日までは，埼玉＋神奈川＞東京（表8），その後は，埼玉＋神奈川＜東京となっている（表9）ことがわかる。先述の相関図と併せて考えると，これはとりもなおさず，感染者数はコロナが沈静化していた時期から，増加傾向へ移行していることを示しているといえる。

第6編　新型コロナ感染状況調査を題材としたPBL（Project/Problem Based Learning）事例

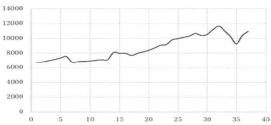

これをどう説明したらよいだろうか？

図12

表8

		埼玉県	神奈川県	埼玉+神奈川	東京都	埼玉+神奈川−東京
2023.2	124 1日	2646	2863	5509	4112	1397
	125 2日	2033	2592	4625	3502	1123
	126 3日	1733	2368	4101	2941	1160
	127 4日	1617	2286	3903	2992	911
	128 5日	1387	1812	3199	2287	912
	129 6日	696	1054	1750	1105	645
	130 7日	1924	2324	4248	3131	1117
	131 8日	1846	2000	3846	2612	1234
	132 9日	1359	1862	3221	2173	1048
	133 10日	1225	1584	2809	1922	887

表9

		埼玉県	神奈川県	埼玉+神奈川	東京都	埼玉+神奈川−東京
	176 25日	382	504	886	863	23
	177 26日	250	448	698	667	31
	178 27日	131	198	329	355	-26
	179 28日	348	454	802	1001	-199
	180 29日	384	468	852	1002	-150
	181 30日	308	457	765	956	-191
	182 31日	302	413	715	854	-139
2023.4	183 1日	356	465	821	991	-170
	184 2日	280	408	688	789	-101
	185 3日	122	274	396	420	-24
	186 4日	435	637	1072	1357	-285
	187 5日	394	595	989	1204	-215
	188 6日	398	602	1000	1109	-109

第 3 章

まとめ

　本論を記述している時点では，「2.5　データから何が読み取れるか」の結果は予測段階で，まだ確定事項ではないが，データからは先述したような傾向が読み取れる。これからの不確定な変容社会を生き抜く一般市民として必要な，資質・能力を養う教育を考えるときに，現在教育現場で行われている探究学習，PBL 教育，「主体的・対話的で深い学び」について，本論で扱ったような事例を統計的，実験・観察的，数学的論理から分析する議論を通して，みんなで認め合う機会が求められている。

【引用・参考文献】

1　一般社団法人日本公衆衛生協会「新型コロナウイルス感染症対応記録」，2023. 3
2　コロナ感染状況データ第 1 波
　　2020. 1. 15　国内初感染者
　　2020. 2. 27　全国一斉臨時休校
　　2020. 2. 5　ダイヤモンドプリンセス号集団感染
　　2020. 2. 13　国内初の死者．
　　2020. 4. 7 第 1 回緊急事態宣言
　　　以降 2020. 7（第 2 波）～ 2023. 5（第 8 波）までのデータを朝日新聞掲載記事他から取得），さらに，2024. 7. 20 には，「コロナ流行の波　夏こそ注意」の記事，第 11 波？　の予測記事．

第7編
リスクをとらえ，リスクに対処できる
市民の育成をめざす学校数学

第1章

リスクをとらえリスクに対処する
市民の数学とは

1.1 自然の摂理にしたがって生きてきた社会

　人類の歴史を概観すると，自然の中で自然とともに生きてきた時代では，人間は自然の摂理に寄り添って生活をしてきた。

　一転して，現代社会のような「人間が自らの意思により，自然や社会を変革しながら新たな生活をつくり出す社会」「人間の意思決定により将来生ずると思われるリスクを算定し，周囲に説明し，ともにリスクを回避する方策が求められる社会」「このように人間の意思決定が社会や自然界に大きな影響力をもつ社会」，これらのことをここではリスク社会と呼ぶ。なぜリスクという概念が必要なのかというと，この社会が以下のように構成されているからである。

（1）　情報システム化された社会；複合化され，重層化されたシステムによって構成された社会。

（2）　グローバル化したつながりをもつ複雑系社会では，根底はボルトとナットにたどり着く工業化社会のような，生起した現象をその根源にたどり着くまで分析すれば解明できるとする還元論的思考が成り立たない。社会を構成しているのは，その中で相互作用を

しながら生きる agents，分子・原子さらに素粒子の世界から成る組織となる。
（3） 証券市場主義経済により実体経済からの乖離，二極化が発生する，科学技術・経済の急速な進展により人間が自らつくり出した価値を失う事態が生ずる可能性が予感されるとき。

資料1

資料2

「リスク社会の克服と知的社会の成熟に向けた人文学及び社会科学復興について（報告）」，『リスクに対応できる社会を目指して』，日本学術会議

こうした事態に対処するとき，リスク概念によって，生起する事故の大きさを事故発生確率の関数として数学的に処理することができるようにすることが，リスクを捉えリスクに対処する能力の育成ということになる。

（新情報システム学序説）

資料3

資料4

―――――リスク概念は人間が自然の摂理に従う事から自らの意思で自分の生きる道を選択し出したときから始まったといえる。

ピータ・バーンスタイン，青山護（訳），『リスク（上・下）』，日経BPマーケティング，2001

第1章　リスクをとらえリスクに対処する市民の数学とは

1.2　数学がリスク記述言語として意味をもつとき

　数表現と計算技術が生み出された時期，これらはすぐに文字式を使った数式への発展につながった。これらによって，売買や納税を数量によって表現し，結果を予測し，説明し，了解を得る手段が確立され商業・産業の発展を支えた。この段階で，リスクを数学的に表現するものとして，ズユースミルヒの『神の秩序』，ペティの『政治算術』などの人口統計，メンデルの法則，パスカルの古典確率などが世に出てくるようになり，自らの判断をより客観的に説明しようとする人間にとって，数学は重要な意味をもつようになってきた。

資料5

ペティ，大門兵衛，松川七郎（訳），『政治算術』，岩波書店，1995

　第1次産業革命期，産業の機械化が生み出した都市や国家の誕生と資本主義社会への移行が進んだ時期，こうした社会で，様々な立場から発信された思考・信条が相互に交流し衝突し合いながら全体の流れをつくり出す，新たなリスク社会が出現した。

　そうした社会を生き抜く力が庶民階層全体に求められ，その健全な育成のために学校と教師という職業が誕生し，読書算（3R's）の基礎教育が求められた。当時の機械文明の世界は，機械の歯車とベルトコンベアに喩えられ，数学教育では，「変われば変わる，決まれば決まる」から関数的思考の重要性が叫ばれた。

　こうした動きは，20世紀後半の科学技術化社会の成立にまでつながっていく。そこでは，18-19世紀に急速に発展した科学技術が我々の生活にどのように関わるのか，どこに連れて行こうとしているのかが問われ，諸科学を統一的に捉える構造的理解が問われ，その基礎概念として

集合・写像・形式論理・群・環・体を中心とした構造概念の学習が強調されるようになった。

こうした社会はさらに大きな転換点に差しかかっている。それは，ネットワークによってグローバルにつながれた世界における都市化現象，「仕組みの見えない」情報システムによって日々刻々と変化している市民生活，こうしたシステムがつくり出す複雑系社会，いまだ知識に至っていない様々な情報が人々の関心や意思決定に影響を及ぼしている。

機械文明を構成する最終レベルのボルトとナットや，最小単位としての原子と電子からなる世界とは全く異なる世界が実現している。先進国の人口が減少傾向にある中，開発途上国の人口は急速に増加し，それらの最小単位としての地域や家庭が崩壊の危機にあり，ネット上の個々の人間も完成された個人として映るものの，不安定な存在であるように見える。これらの現象は，分析に継ぐ分析から最終単位を見いだし，そこから全体を構成していこうとする還元論的な思考ではもはや説明できない事態といえる。

さらに global という名の下に，証券市場によって動き出した経済が個々の人々，地域，国の生活の安定とは無関係に日々変動し出している。問題は，個人のレベルではなく地域や国レベル，地球温暖化，放射性物質の中間貯蔵施設まで考えれば，地球規模でリスクを捉え対処が迫られている時代が来ていることを示す。人間の個々の意思決定は将来の世界に大きな影響を与えるだろう。

こうした時代に，リスクを査定し，説明し協議するための数学はどのようなものとなるのだろうか？ また，こうした21世紀の変容を乗り越え，将来の持続的発展を維持するために，変容期をたくましく生き抜く自律的な市民を養成するための，教育―数学教育とはどのようなものになるのだろうか？

第2章
リスクを表現する言語としての
数学教育とは

今日，言語としての数学については様々な形で捉えられているが，ここでは，あくまで現象を表現する言語としての数学を問題としたい。それは，数学の中に閉じこもるのではなく，社会との関わり，他教科との関わりの中で捉える数学を教育の場で考えてみたい。リスクを表現する数学として，データサイエンス（確率・統計分析）分野がよく挙げられるが，これを扱うとその解説だけでこの本の紙幅が割かれてしまうので，ここでは割愛して，身近な数値からその意味するところを体験・体感してリスクに備える素養を身に付ける身近な事例として，カレンダーの数学を扱うことにする。

2.1 数量の関係的把握

本節では，主体的・対話的に学ぶ数学教育として，STEAM（Science, Technology, Engineering, Art, Mathematics）の Technology として，Excel を使いながら，数式だけでは体験しづらいアルゴリズム的な数学教育の展開を提案したい。

最近ではスマートフォンなどを利用していつでも見ることができるので，カレンダーは身近な存在となっている。こうした一見便利なカレンダーだが，その仕組みを問うと子どもたちからは戸惑う様子が見られるなど，現象は見ることができるが，その仕組みが見えてこない現実がある。そこで，リスク管理の立場からこの現象を取り上げることにする。

西暦（1900 + x）年 m 月 n 日がわかったときに，その曜日は何曜日だろうか？

自分の誕生日が何曜日だったのだろうか？　などの素朴な疑問は小学

生でも抱く。こうしたことを算数・数学教育で扱えないか。

カレンダーの仕組みをそれなりに理解するということ。以前は，それを数学的に表現していた。今日では，Excelなどで，仕組みをアルゴリズム的に表現できる。ここでは，多くの場で存在するカレンダーの仕組みを自分なりに理解する仕方について考える。

・カレンダーの仕組みを数式で表す

柴田敏男氏が「曜日計算」として，1978. 3，1981. 3の数学セミナーで公表した式がある。

（1900＋X）年m月n日の曜日を求める式，ここでは，X＝0〜99とし，1900年から1999年を表す。

カレンダーの仕組みを理解する上で必須の知識は，平年とうるう年の仕組みである。うるう年の判定は，まず，西暦を4で割って割り切れればうるう年，割り切れなければ平年，しかし，4で割れるが100で割り切れるときは平年となる。さらに，100で割れて平年になっても400で割れる年はうるう年となる。それ以外は平年である。

これにより，1900年は平年，2000年はうるう年となる。

平年は365日，うるう年は，2月が29日と1日増えるので，366日となる。そこで，カレンダーの仕組みづくりには，以下のきまりが必要となる。

（1900+X）年m月n日の曜日は，0〜6で表す。

曜日を数で表し，曜日コードとする。

平年；	日	月	火	水	木	金	土
	0	1	2	3	4	5	6

うるう年の1月，2月；	土	日	月	火	水	木	金
	0	1	2	3	4	5	6

ここで，m月に対して，m'を次のように定めると，次の式が得られる。

m	1	2	3	4	5	6	7	8	9	10	11	12
m'	0	3	3	6	1	4	6	2	5	0	3	5

$$x = X + [X/4] + m' + n \pmod{7}$$

$[X/4]$ は，$X \div 4$ の商，mod 7 は 7 で割った余りが曜日となる。

カレンダーは 1 月 1 日の曜日とその年が平年かうるう年かがわかれば，容易に各月の仕組みはわかる。そこで，まずは，1900 年 1 月 1 日の曜日を上の式から求めてみる。

1900 年 1 月 1 日の曜日を数式で求めてみる。1900 年は平年から，$X=0$，$m=1$，$m'=0$，$n=1$ で，

$$x = (0 + 0/4 + 0 + 1) \mod(7)$$
$$= 1 \pmod{7} \quad (= 1 \div 7 \,の余り) \quad = 1$$

曜日コード＝1 から月曜日

最近ではネット上でカレンダーを見れば様々な年月のカレンダーが表示される。また，Excel 関数 TEXT，DATE を使うと年月日を入れれば，次のようにして日本語で曜日を計算してくれる。

セル番号，B 5，C 5，D 5 に1900，1，1 のデータを入れ，関数 DATE で処理すると，1900/ 1 / 1 という表示が出る。さらに，これに，TEXT 関数を処理すると，月曜日という日本語が出てくる。しかし，間違った答えを出すことがある。

資料6

	B	C	D	E	F↓
5	1900	1	1	DATE (B5, C5, D5)	TEXT (DATE (B5, C5, D5)，" AAAA")↓

これからは修正されるだろうが，インターネットは容易に，かつ，より正確に求める答えを出してくれることだろう。これからネット情報を利用する人間としては，確かな答えを求めるために，複数の異なるアプ

第7編　リスクをとらえ，リスクに対処できる市民の育成をめざす学校数学

ローチで確めたり，別の事例からでも求めそれらの整合性を確かめるなどが必要である。重要なのは，問題の仕組みを数学的に表現したり，これから述べるコンピューターを使ったアルゴリズム的な解決等によって問題の仕組みを理解することである。

① 1900年1月1日の曜日が月曜日ならば，1900年は平年なので1901年1月1日の曜日は，365日後で，365mod(7)＝1となり次の日の曜日と同じく火曜日となる。

こうして，Excel を使って1999年までの曜日が求められる。同じように2000年も実行できるので，1月1日の曜日の一覧が得られることとなる。1月1日の曜日が求められれば，各月のカレンダーは容易に求められる。これからは，カレンダーは自分でつくる時代ともいえる。

自分なりの行事予定，自分好みの写真など入れて，4月から3月までの個人用年間カレンダーも作ることができる。しかし，それにはリスクが伴うので，カレンダーの仕組みを理解しリスク管理に努めることが必要となる。

② 次にその年のm月1日の曜日を求める作業に入る。2月が平年とうるう年によって28日，29日と変わるので3月の曜日には注意

資料7

平年			
月	1月の日数	月のずれ	MOD(7)
1	31		3
2	28		0
3	31		3
4	30		2
5	31		3
6	30		2
7	31		3
8	31		3
9	30		2
10	31		3
11	30		2
12	31		3

資料8

うるう年			
月	1月の日数	月のずれ	MOD(7)
1	31		3
2	29		1
3	31		3
4	30		2
5	31		3
6	30		2
7	31		3
8	31		3
9	30		2
10	31		3
11	30		2
12	31		3

する必要がある。元日からの曜日コード＋月の1日の曜日コードの和をMOD関数で（7で割って余りを）求めると，その月の1日の曜日コードが出る。

　こうした学習を通して，学習者個人が関心をもつ曜日を調べることへの動機付けともなり，主体的にネットを使った探究へつながっていく。

　AIの時代では，自立・協働によるインターネットの情報を用いた学習は比較的容易なので，そこに至る前に，STEAM教育を通して，児童・生徒・学生たちに動機や学習対象への意欲をもたせながら，求めた結果が確かであるか？　を検証する術を身に付けるリスク管理の育成も重要な教育課題となる。

　今日のリスク社会を生き抜く教育を考えるときには，教科連携，学び合いによる協調学習，振り返り学習，等々の中でリスクを査定し，他者に説明できるほどの具体的な数量の把握が学校教育の中で求められると考える。さらに，思考した結果をコンピューターを使って現実へ適応するという立場から，コンピューターを使いながら現象を捉え，そこから生まれる問題を解決していこうとする思考を育むことも必要となるだろう（Computational Thinking）。

第8編　今，算数・数学教育はどこにいるのか。
私たちはこれから何をしたらよいのか

第1章
近代化以前の日本の算数・数学教育はどのような特徴をもっていたのか

　数学教育とは，一般市民が尊厳をもって自律的に生活できるためにどのような数学を，どのように教えたらよいのかを研究する実践的な学問領域である。

　近代の庶民教育としての数学教育の成立は割算書から始まる。

　世界では，1550年アダム・リースが割算書を出し，ユークリッド幾何から離れた数値・数式を主体とした数学が始まった。

　資料1は，日独研究会で日本に来日していた，Gerhard Becker 氏の著書の中で紹介されている Adam Ries の像である（参考・引用文献54）。

　日本では1622年，毛利重能が『割算書』を出している。山陽本線，甲子園口駅の近くの熊野神社に算学神社があり，その脇に毛利重能の記念碑がある（資料2）。

資料1

資料2

第8編　今, 算数・数学教育はどこにいるのか。私たちはこれから何をしたらよいのか

　1627年朱印船で有名な角倉了以を伯父にもつ, 京都の代官吉田光由が『塵劫記』を出す。京都観光で有名な嵯峨野の渡月橋の近くの常寂光寺にその記念碑がある。塵劫記は江戸から明治にかけ日本の和算家たちに大きな影響を与えた。その後の日本の和算界に大きな影響を与えた人物が関孝和である。

　関孝和（1637-1708）は, 第1編で述べたように, 日本の和算の歴史に大きな足跡を残した。

　吉田光由の『塵劫記』はどちらかというと実用書の範疇にあるが, 関孝和の『発微算法』は関流の著名な和算家に受け継がれ日本史を飾る業績となった。

　一方, 千葉県佐原村の名主伊能忠敬は, 九十九里の海岸線から見た地平線から, 地球の半径を知りたいと感じて得た知的欲求を満たすために江戸に出て, 高橋至時(よしとき)の支援で幕府の日本地図の作成の旅に出て, 人生後半を費やして作り上げた。その日本地図は現在から見ても正確なものだった。

資料3

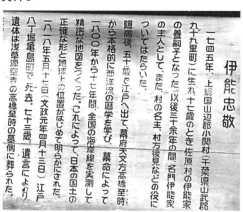

　千葉県香取市伊能忠敬記念館（資料3）, 九十九里町の記念公園, 東京上野駅近くの源空寺等に記念碑がある。また,『伊能中図　原寸複製伊能図』（武陽堂, 2002）には正確な伊能地図が掲載されている。

第1章　近代化以前の日本の算数・数学教育はどのような特徴をもっていたのか

資料4

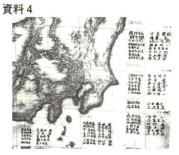

伊能忠敬研究会，日本国際地図学会『伊能中図原寸複製伊能図』，武揚社，2002より

　15〜16世紀のヨーロッパでは，計算はジェトンという算玉を使った位取り表による計算と筆算とで行われていた。

　これに対して，日本でも室町時代に入ってきた算盤と位取表による計算があった。

　日本の和算は，明治になっても，図形と漢数字，算木と算盤を使って秘伝として言い伝えていた。数字や記号，文字を使った式，関数グラフなどを使って公的に論じるGlobal Languageとしての機能をもっていなかった。そのため，明治政府は実学＝洋算に切り替えるために和算を切り捨てた。

資料5

FrankJ.Swetz;Capitalism&Arithmetic, 1508より。
向かって右の人はジェトンを，左の人は筆算をしている。

資料6

算数の算は，算盤を手で操作して計算することに由来している。

137

第8編　今，算数・数学教育はどこにいるのか。私たちはこれから何をしたらよいのか

第 2 章

工業化社会への算数・数学教育の移行はどのように進められたのか

　平成元年（1989）時点で，埼玉県内に1156ヵ所の寺子屋が見つかっている。その一例を示す。

資料7

　上尾市平方の筆子塚。そこには、正覚寺住職　純智　他
　1713年から1841年までの筆子塚がある。
　1713年のときには、手習子が53人、取子が10人いたとある。

　上尾市正覚寺の事例によると，桑名藩士 森朴斎がたまたま訪れたこの地域の名主長嶋太十郎の家に居候し，太十郎の財政支援を受け，村の若者たちを教えたことを契機に，村の寺子屋の師匠を1637年-1708年まで続け，後に弟子たちから朴斎碑を建ててもらったという。

資料8

第2章　工業化社会への算数・数学教育の移行はどのように進められたのか

資料9

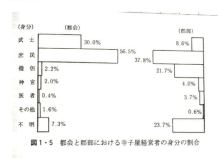

図1・5　都会と郡部における寺子屋経営者の身分の割合

資料10

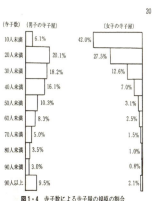

図1・4　寺子数による寺子屋の規模の割合

佐藤健一編『江戸の寺子屋入門―算術を中心として』，研成社，1996より

　江戸時代の寺子屋師匠はどのような人たちであったのだろうか？　それがわかる一例を挙げる。

　寺子屋師匠の中には河川工事などの開拓者など庶民階層が多い。さらに，女性の寺子屋師匠もいた。このあたりがヨーロッパと異なる。

　ヨーロッパの学校制度は，産業革命の最中の差し迫った若者の教育の中から起こった。日本は江戸時代，明治の工業化の雰囲気がかすかに伝わる中，まだ産業革命以前の状態で，市民自らが地域の子どもたちの教育をどう担うのか，といった課題意識から学校制度は生まれた。

資料11

就学を強制される子ども　1871年。

宮沢康人『世界の子どもの歴史―産業革命期』，第一法規，1985より

139

第8編　今，算数・数学教育はどこにいるのか。私たちはこれから何をしたらよいのか

・ヨーロッパの産業革命期

17000〜1770年	おかみさん学校，夜間学校　の開始
1762年	ルソーが『エミール』を出版
1760〜1820年	英国産業革命
1769頃	機械打ち壊し運動起こる
1774年	ペスタロッチ　学校を開く
1776年	アメリカ独立宣言
1789年	フランス革命
	紡織機械による製造，蒸気船の運行が始まる
1780年	英国で日曜学校始まる

・日本の明治維新前後のヨーロッパ世界との関連

1866〜68，1873，1882年	世界経済恐慌起こる
1868.9.6年（明治元年）	日本，江戸幕府崩壊、明治維新へ
	当時，寺子屋等に通っていた児童数
	男40％，女10％
1870年	英国　初等教育法
1871年	ドイツ　統一され連邦制の統一国家へ
1872年（明治5年）	日本　学制発布

　明治政府は，学制を公布し，「邑に不学の戸なし」として，国民全員に学ぶことを義務づけた。また，実学＝洋算とし，和算を切り捨てた。これによって，和算家たちはヨーロッパの数学をどうしても実用のものにするために「数学教育」の研究を始めた。

1877年	東京数学会社
	数学拡張会

第2章　工業化社会への算数・数学教育の移行はどのように進められたのか

1883年	改称し，東京物理学会
1887年	数学協会　→　1893年解散
	研究派と拡張派に分かれる
	幾冊かの数学教育の本が出され，出版停止となる
1878年（明治11年）	『数学雑誌』
1879年（明治12年）	『数理談』『数理』
1890年（明治23年）	『普通数理』

　一通りの数学書は，算術から微分方程式まで，明治18年（1885）までの間に，とにかく日本語で読むことができるようになった。

【20世紀型工業化社会に向けた教育的土壌づくり】

1875〜79年	
	J.Perry 工部大学校で講義
1876年	英国　義務就学の明記，サンドン法
1886年	英国　数学教授要目作成
1895-97年	カントール『超限集合論』
1900年	日本　小学校令施行規則

　明治時代，日本の数学教育に大きな影響を与えたのが，イギリスからやってきた青年 John Perry（1850-1920）。彼は，札幌農学校のクラーク博士と同じ時期に，工部大学校（東京大学工学部の前身）で技師として教えていた。その影響が日本の関数教育の礎をつくったとされている。日本の近代化の成功は，英国に比べれば，はるかに実用主義的な和算の活動と，丁稚奉公等のために必要とされた読み・書き・算の3R'sの素養を求めた寺子屋教育の広がりが根底にあったといえる。こうして，日本における軽工業を中心とした産業革命は，1900年頃一通りの完

第8編　今，算数・数学教育はどこにいるのか。私たちはこれから何をしたらよいのか

成をみて，重工業へと移っていく。1902〜1903年には国定教科書制度が
成立する。

　その後，英国へ帰ったJ. Perryは，M. Klineらと共に工業化時代に
即した中等教育プログラムの作成に着手する。しかしながら，当時の伝
統的な数学を行っていた数学者から批判され，大変な苦労をすることに
なる。それは，整数論とユークリッド幾何と関数教育との争いともいえ
た。当時の日本は，こうした古典的な純粋数学者はいなかったので，一
工学者であるJ. Perryの関数教育に重点を置くようになり，どちらか
というと，20世紀的な算数・数学教育の主張を素直に受け入れて，近代
的な教育が始まったといえる。

第3章

高度科学技術化社会に応じる算数・数学教育はどのように進められたのか

　第2編で「数学教育現代化」についてその概要を述べた。ここでは，それを受けたかたちで，その後の高度科学技術化社会における数学教育について考える。簡単に再度現代化の性格について概略を述べる。1963年11月，Stone 博士の OEEC における講演で次のように述べている。

　　現代数学は，物理，化学，生物，遺伝と人口問題，および経済学・心理学・社会学などの新興の分野における不可欠な手段となり，今から20年ののちには，あらゆる部門が現代数学の徹底した修学の上に立たなければ，進んだ研究はなりがたい状況となりつつある。

　20世紀の構造主義とは，急激な技術革新の進行とそれに伴う経済・社会の発展の中，これまで様々な分野でバラバラに発展してきた各分野を基礎概念に基づいて統合的に捉えようとする流れといえる。それはフランスで起こったブルバキ思想の広がりに端を発したものだった。これを数学教育として捉えると，以下のようになる。

算数・数学教育では

・集合を基盤として統一的に捉える
・代数的構造に着目する
・論理的な厳密性を強調
・公理的構成を強調
・J.Bruner の螺旋型（スパイラル）教育課程
　の理論に基づく

143

第8編　今，算数・数学教育はどこにいるのか。私たちはこれから何をしたらよいのか

> これらによって，大学初年級の数学の基本的構造を小学校から慣れ親しませて，滑らかな接続を図る。

これに対して，以下のような批判が生まれた。

現代化に関する批判

* 将来数学を使う人間だけを対象にすべきでない。
* 抽象的な概念を、未熟なうちに急いで導入
  すべきでない。
* 演繹的推論だけを重視しないで、もっと帰納的な
  推論を取り入れるべき
* 数学と他の領域との結びつきをもっと重視すべき
* 微積分が科学技術と密接に関連しているのに
  なぜ、軽視するのか
* 教師と数学者との共同作業をもっと重視すべき

　前編で指摘したように，日本の「現代化」はこれよりもかなり穏やかなものであった。筆者が見たドイツの教室では，「群の考え」を小学校4年生で行っていた。

　現代化は，高度な数学的な考え方を，ゲームや教具などに託して教え，現実を見る「めがね」＝構造を与えるものであると説明がされる。中・高の内容を挙げれば，今日の大学の1・2年生の代数学の内容と重なっているといってよい。

　米国における，ポスト現代化としての第2の「数学教育現代化」では，以下の点が強調された。

現代化の第2の変革

60年代後半になると米国では，以下の指摘が出されるようになる。

第3章　高度科学技術化社会に応じる算数・数学教育はどのように進められたのか

> Below average の子ども
> SlowLearner 対策
> Disadvantaged な子ども
> Poor self-image しかもてない子
>
> ここで述べられたことは，学習の個別化，コンピューター支援教育（CAI）への流れの中にあった。

　米国から日本に受け継がれたマイコン（Micro Computer）の技術は，日本的な教育の成果を支え，学習方式の確立をたすけ，成功と呼べる80年代を迎えることとなった。

　1980年代，世界に追いつき追い越せと邁進し，日本の教育が国際的にトップに立った。それはマイコン，パソコン（Personal Computer）の普及が，日本人が江戸時代から培ってきた，市民教育の思想と合致していたからといえないだろうか。

　江戸時代に和算家は，災害や灌漑河川工事，測量を通じてともに協力し，学び合って理論をつくった。明治になり，純粋数学の理論家がいない中，工学者に実学的数学を学び，1980年代では，高度な研究施設が所有する大型コンピューターとは異なり，マイコン，パソコンという個人単位の探究と協働性が促進されるようになった。この新しい技術をもとに学び合いながら現実的に夢を実現していく姿に，日本の教育の成功の姿が見える。

資料12　　　　　資料13

第2回1981年（昭和56年）	
国／地域(20)	得点
日本	62.3
オランダ	57.4
ハンガリー	56.3
フランス	52.6
ベルギー（フラマ）	52.4
カナダ（ブリティ）	51.8
スコットランド	50.8
ベルギー（フラン）	50.0
香港	49.5
カナダ（オンタリ）	49.4
イギリス	47.4
フィンランド	46.9

IEAの学力調査では、1981年で世界1位

第8編　今，算数・数学教育はどこにいるのか。私たちはこれから何をしたらよいのか

第4章
社会の情報化によって提起された課題は何か。これをどう乗り越えたらよいのか

1999年，「ミレニアム・プロジェクト」が内閣から提示され，次のような教育界への課題が出された。

「ミレニアム・プロジェクト」

・2005年度を目標に，

・すべての小・中・高等からインターネットにアクセスでき，

・すべての学級のあらゆる授業において，教員および生徒がコンピューターを活用できる環境を整備する。

資料14
教育の情報化に出遅れた日本

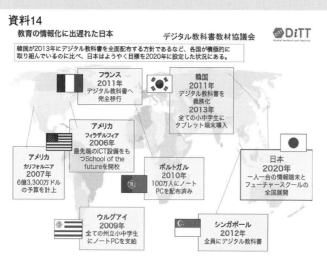

引用元：「DiTT」https://www.mext.go.jp/component/b_menu/shingi/toushin/__icsFiles/afieldfile/2014/04/11/1346505_06.pdf

しかし、これは日本の教育界にとって課題が重くのしかかった。

この課題は現在も解決していない。教師がただ回避しているだけでは、将来を生きる子どもたちにとってもあまりよいことではない。各学校での研究的・実践的な課題が何であれ、それをどう解決していくのかについて、協議し実践していかなければならない。

学校でのデジタル教科書、タブレット、電子黒板の活用の意味はどこにあるのだろうか。いくつか事例を挙げてみよう。以下に示す実践事例は、2010年前後のものである。

資料15

【文教大学学生による教材開発】

事例1　埼玉県北越谷駅から学生が歩き出す。同時に鎌倉の大仏が歩き出す。もしも、その大仏が一直線上に歩けたとしたら、どこで出会うだろうか。大仏と学生との身長は11：1。

これは、Google Map を電子黒板で映しながら、J. スウィフトの「ガリバー旅行記」の現代版を意図して、新たな物語を作る課題に取り組んだものである。先行研究としては、オランダのフロインデンタールの研究からの示唆がある。大仏の座高が12.38m、鎌倉と北越谷の距離を求め68.6kmとし、出会う場所が6.2km。Google Map を映す電子黒板上ではかなり近くに見える。

資料16
電子黒板とGoogle Earthの連携例
埼玉県を台形と見て面積を計算する

事例2　学生の教材開発2　埼玉県を台形と見て面積を求める
　　　埼玉県の形を台形とみなし，四角形の重心から埼玉県の重心はどこかを探る。まず，三角形の重心をみつけコマを作り，その発展として四角形のコマ作りに進む。埼玉県の重心を探求する実習はこれの発展形となる。

　こうして日常生活と社会との関わりの中で数学の教材を考え，電子媒体を活用しながら，既習を振り返り過去の自分と出会いながら，数学的な思考を生活の中に生かす試みをみんなで共有する。自らの考えを表現し，異なる考えとぶつけ合うことによって，より確かな考えを獲得する方法を身に付ける自立・協働を目指した実践といえる。
　現在，「不登校最多，いじめも最多」との新聞記事が載り，また，算数・数学の試験問題への対応はかろうじてできているとしても，自分が将来目指すものと現在の算数・数学の勉強がどうつながるのかわからないという「学習への不安，無力感」が多くの児童・生徒・学生を覆っている現実がある。10年前の上記のような実践が各教室の中で行われていたら，こうした課題の解決への足がかりがつかめていたのではないか。2006年，文部科学省　科学技術政策研究所が「忘れられた科学－数学」を発表した。そこでは，「主要国の数学研究を取り巻く状況及び我が国の

科学における数学の必要性」を訴えていた。このことは専門家集団だけの問題ではなく、これからの第4次産業革命下を生きようとする「尊厳をもつ一般市民」にとっても重要な意味をもっているはずであったが、それから20年近く経た今でも、これが達成されていないことが各種統計で示されている。

　例えば、地震の起こる確率表現。一般的に公表されている確率は、「震度6弱の地震の起こる確率は30年間で70％～80％」とされている。しかしながら、2024年の元日、能登半島で起きた地震はこの問題を大きく揺るがす結果となった。上記の地震の確率はどの地域に当てはまるものなのだろうか？

　この問題を教育課題として扱うには多くの問題が見えてくる。

　まず、ネット上で出ている地震のエネルギーを算出する式を調べる。そこでは、対数も純粋に数学的な意味だけでなく、指数で表される現象をより平易な表現手段として表す電子機器を使い、対数で表すことのよさを伝えている。

資料17

気象庁マグニチュードMj公式

h≦60kmの場合
　　a) $Mj = \log A + 1.73 \log \triangle - 0.83$
h＞60kmの場合
　　c) $Mj = \log A + K(\triangle, h)$

hは震源の深さ
Aは中周期変位型地震計による地動最大片振
幅（単位はμm）、
$\triangle$は震央距離（単位はkm）、
$K(\triangle, h)$は表で示されている。

　例えば、「マグニチュードは、震源から放射された地震波の総エネルギーに関係づけられ、マグニチュードが0.2大きくなるとエネルギーは約2倍、1大きくなるとエネルギーは約32倍に、2大きくなると約1000

第8編　今，算数・数学教育はどこにいるのか。私たちはこれから何をしたらよいのか

倍になる」。こうした数学的な解釈のあと，大地震が起こる確率の表現に戻って考えてみる。「震度6弱の地震が起こる確率が30年で80％」という表現の曖昧さに気付く。震度6弱なのか，震度6強なのかによってそのエネルギー規模は大きく影響を受ける。それと同時に，生起する確率もかなり変わるはずである。

　マグニチュードは震源での地震のエネルギーを表すが，震度は被災地で人間が影響を受ける被害状況を示す。マグニチュードの数値が同じでも，（水害の影響も含め）地盤の強弱によって受ける被害状況は大きく変わる。こうしたことを考慮すると一般的な数学的表現「30年で80％」の確率表現だけでは，現実の被害を予測できたとはいえない。

　これをうまく解説し，理解させる機能が社会的に構成されなければならない。それには，算数・数学だけでなく，STEAM（artを含む）やSTEEM（economyを含む）教育のもと，算数・数学と他教科や日常生活との関わりの中での教育が求められることになる。

　1970年代から80年代，日本の社会は，戦後の活気を受け継ぎ，アメリカの現代化運動を受け入れ，一般市民にまでパソコンが普及する中，英語とは格段に異なる精細な日本語のワープロを作る必要から，世界的にも微細な画像を出力できるPCをもつ国となり，活気づいていた。しかしながら，1990年代，2000年代になると米国のサブプライム・ローン問題，リーマンショックという経済の低迷期を迎え，日本も経済の低迷，さらにその後の情報システム社会に対応できず，少子高齢化も伴って低迷期が続き今日に至っている。この状況をどう脱皮するかが現在学校で問われている課題といえる。OECDのPISAの調査によると，2015年度調査からコンピューターの使用が可能となり，2020年度の調査では資料18のような目標を掲げている。

資料18

数学的リテラシー

様々な文脈の中で数学的に定式化し，数学を活用し，解釈する個人の能力。それには，数学的に推論することや，数学的な概念・手順・事実・ツールを使って事象を記述し，説明し，予測することを含む。この能力は，個人が現実世界において数学が果たす役割を認識したり，建設的で積極的，思慮深い市民に求められる，十分な根拠に基づく判断や意思決定をしたりする助けとなるもの。

科学的リテラシー

思慮深い市民として，科学的な考えを持ち，科学に関連する諸問題に関与する能力。なお，科学的リテラシーを身に付けた人は，科学やテクノロジーに関する筋の通った議論に自ら進んで携わり，それには科学的能力（コンピテンシー）として，「現象を科学的に説明する」「科学的探究を評価して計画する」「データと証拠を科学的に解釈する」を必要とする。

読解リテラシー

自らの目標を達成し，自らの知識と可能性を発達させ，社会に参加するために，テキストを理解し，利用し，評価し，熟考し，これに取り組むこと。

第9編 社会とつながる算数・数学探し

第1章
「見えること」と「見ること」

エジプトのピラミッドの不思議

　Google Earth で手短に世界旅行をする人もいるかもしれない。今回は，筆者も PC 上で，エジプトに行ってみることにする。

　ギザにある有名なエジプトのクフ王の大ピラミッドはあまりに有名で，誰でも1度は写真で見たことがあるはずである。しかし，何度見ても，「見えども見えず」という現象が発生する。しかし，そうしたものも，見方を変えて見てみると，突然，隠れて見えなかった仕組み（構造）が見えてくる。今回はこれを体験してみよう。

　下の図からどんなことが見えてくるだろうか？　ピラミッドを Google Earth で真上から見たものである。わかりやすいように，図に直線

資料1

これは算数・数学が社会に与える力の大きさを示す原点となる現象である。こうした出来事から現在は4500年以上も経っている。

153

第9編　社会とつながる算数・数学探し

を一本引いてある。そう，四角錐（いわゆるピラミッドの形）をしたク
フ王とカフラー王のピラミッドがある特殊な配置で並んでいることが見
てとれる。四角錐は，真上から見えれば正方形とその2本の対角線で表
されている。

　右上の大きなクフ王の対角線をそのまま延長すると左下のカフラー王
の対角線にぴったりと重なっていることがわかる。実際に下から見上げ
ていては気がつかない関係である。これは，2つの巨大な四角錐（クフ
王のピラミッドでいえば，紀元前2550年頃，平均2.5トンの石を230万個
積み上げて作った四角錐）が，全く同じ方向を向けて作られていたこと
になる。

　おそらく，当時の人たちが，「同じ方向」を思い付いたのは，太陽の
光や，星の位置の観察からだろう。それはあまりに神秘的であると同時
に，人間のもっている数学の力の偉大さでもある。

　ここからは，「見えること」と「見ること」との関係について，もう
少し詳しく取り上げてみよう。

第2章

1点で交わる直線は互いに平行？

通常，学校では平行について次のように教える。「どこまで行っても交わらない2本の直線は平行である。また，平行な2直線はどこまで行っても交わらない。」

しかし，実際に郊外を散歩していると右の資料2ような風景に出合う。現実においては，平行な直線だからこそ，1点で交わって見えるという現象。こうした事象を算数・数学教育で教材化して捉えてみよう。

資料2

資料3

事例1　資料3のように見える風景があったとしよう。3本の直線があって，2本の直線a，bは1点Aで交わって見える。しかし，もう一本の直線cは直線aとどこまで行っても交わらないで，bと交わってみえる。このとき，実際の風景はどう見えるのだろう。

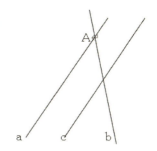

　実際に「見える」景色は，遠近法にしたがって見えるので，多くの平行線はただ1点に集まって見える。もし，線路がずっと平行であるかのように見えるとしたら，実際のa，cは，末広がりな位置関係をつくっていることになるだろう。

　算数・数学は，現象の中に潜む「構造」を「見る」ことを主眼としているので，一見交わっているように見える現実の中に，「平行を見る」ことが求められる。そのために，こうした景色や現象を前にして，まず

155

第9編　社会とつながる算数・数学探し

資料4

「どうしてそうなのだろう？」という「問い」を心の中にもつようにするとよい。

事例2　直方体，円柱の形をしたビルの写真は遠近法に従って映るが，算数・数学の教科書に出てくる立方体や直方体，円柱の「見取り図」は，実際の建物のように「見える」ようには描かれていない。

「側面の4本の辺はすべて平行，向かい合う面も平行に描かれている」。これは算数の目で「見る」ように描いているといえる。

資料5

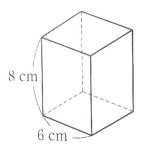

教科書の中にある直方体

資料6

156

第 **3** 章

身近な事象に算数・数学を使って判断する力：時速・秒速 —風速を例に—

　学力・学習状況調査などで，日常生活の中で起こる問題や操作的な活動を含んだ問題の読解力が低いという結果が多く出ている。こうした課題の解決策として，「国語のテキストによって読解力を養う必要がある」という議論がよく挙げられるが，間違いではないものの筆者には少々違和感を覚える。むしろ，算数・数学の問題を読み取れないということは，国語の読解力の欠如だけでなく，通常の授業で，「現実的な課題を取り上げ，話し合ったり，操作的な課題の体験学習が少ない」ことにも因るのだろう。そのため，問題の文章を把握することに時間がかかって，結果的に「読み取れない」という結果になるのではないか。

　数や式，記号や図形，グラフや表などは，算数における言語であるが，それらの多くは言葉による解説よりも，より直接的な操作や具体事例，数学的活動等によって理解していき，そうした活動とともに身に付けるものである。

　今日の情報システム社会では，様々な場面でセンサーが情報を収集，数量化し，それをもとに数学的に表現して，コンピューターで処理され，TV や SNS などで公表されている。今日の社会では一昔前に比べるとはるかに多くの数量や数学的な式や記号，表やグラフ，図形などが身の回りで使われている。では，私たちはそうした数量や数・式，表，グラフ，図形をどの程度理解して，生活に生かしているのだろうか。

　最新の技術を用いた地震予測では，都市部での大地震の生起は30年で70％の確率といわれている。こうした情報を私たちはどのように判断をしたらよいのだろうか？　ここでは，こうした身の回りで起こる事象に対して数学的な考え方で判断する事例を，できるだけ具体的に挙げて，

第9編　社会とつながる算数・数学探し

説明してみたい。

事例1　制限時速40km の道路に脇道からある子どもが顔を出しまし
　　　　た。右側の遠方に走ってくる自動車が見えます。この子どもは
　　　　右，左，右と左右を確認しています。それに3秒かかります。
　　　　子どもが確認後1歩前に出るとき，何m 先にいる自動車が直
　　　　前に来ているでしょうか？

　40km 制限の道路は街中ではよくある。ある自動車が40km を20km
オーバーして走り，事故を起こした事件がマスコミを騒がせたことが
あった。時速40km では，1秒に何m 進むか計算してみるとわかりや
すい。40km ＝ 40000m，1時間＝60分＝3600秒，40÷3.6＝11.1m。
これに，子どもが右・左・右と見て3秒かかったとすると，

　　11.1×3＝33.3m

　時速40km というのは，ドライバーにとってゆっくり走っているとい
う感覚がある。しかし，子どもの確認時間の3秒後には，33m 先の車
が目の前にいることになる。

　こうした問題を子どもたちに自分自身の問題だとみなしてもらうため
には，33m というのはどのくらいの距離なのか，といった距離感覚も
養う必要がある。たとえば，廊下で1教室分の長さは何m なのか，ブ
ロック塀のブロック1個分の横の長さは何cm なのか，さらに網状の
フェンスのポールからポールまでの距離は何m なのかなどを知ってお
くと，計算結果がより現実的に捉えられるようになる。これによって，
算数が様々なところに利用できることを知るだろう。

　話を問題に戻すと，実際には，これではまだ解決していない。いわゆ
る空走距離と制動距離の問題が出てくる。運転手が子どもに気付き，ブ
レーキを踏んで子どもの手前で止まるのに，時速40km の場合では，章
末の注1の一覧によると，空走距離＋制動距離＝20m かかるという。

158

第3章　身近な事象に算数・数学を使って判断する力：時速・秒速　—風速を例に—

「車はすぐには止まれない」ということである。こうなると，運転手が子どもに気付きブレーキをかけてから，子どもの手前で止まるには，

　33＋20＝53m　　より手前にいることが必要となる。

　もし，これが無謀運転して20kmオーバーの60kmで走っていたら，1秒では 60÷3.6＝16.67，　3秒では16.67×3＝49.99（約50m）。

　これに空走距離＋制動距離＝37mが入って，50＋37＝87m先ということになる。ここまで理解して，いかにスピードの出しすぎが怖いかということが実感できる。

　算数の授業で，時間と速度と距離の関係は大切な指導内容である。

　しかし，とかくすると「は・じ・き」などの公式の適用に追われ，使われる数値が子どもの日常とあまり関係のないもので済まされてしまう。算数を自分の「生きる力」として大切な教科だということを知ってもらうには，できるだけ意味のある数値を使った方が子どもに算数のよさを訴えることができる。算数の時間にはぜひ，体験し，実測し，観察し，文章化させる探究的活動を取り入れてもらいたい。

事例2　風速60mの台風が上陸しました。この風の速さは，自動車の
　　　　速度でいうと時速何kmとなるでしょうか？

　風速とは秒速のことである。今度は，秒速を時速に直すことになる。事例1では，時速60kmで，秒速16.67mであった。

　秒速60mということは，時速60kmの車よりはるかに速いことがわかる。秒を時間に直すために60mを60×60＝3600倍すると，

　60×3600＝216km

　台風の風速，この速さを実感できるだろうか？　そのために，野球の球が216kmで飛んできたらどうなるのか考えてみよう。

　風速とは風力をも示している。プロの野球の投手の剛速球とは時速に直すと150km-160kmだとされる。時速160kmは秒速で44.4mだから，

プロの投手でも風速60mの台風にかなわない。逆に，風速60mの速さで吹き飛ばされたものが当たれば大変なことになることがわかる。下の写真は瞬間風速70mと言われた台風の爪痕である。

資料7

　以上2つの例で見てきたように，マスコミ上で流される情報は多くの数量で表現されている。そのため実態を知るには正しい数量感覚や算数・数学における計算（方法の知識等）が必要となる。これからの情報化社会を「生きる力」として，こうした能力を算数の授業の中でも養っていく必要がある。

注1：
	空走距離	制動距離	停止距離
時速20km	6m +	2m =	8m
40km	11m +	9m =	20m
60km	17m +	20m =	37m
80km	22m +	36m =	58m

（数値については資料によって若干異なる）

第4章

金環日食を算数・数学の目で見る

事例1　地球と月の関係

資料8

ある年の5月，朝7時30分頃，資料8ような金環日食が起こった。

　資料8を見て，小学生だったら，月がこんなに大きいのかと錯覚しないだろうか。その日は，注意してTVを見ていたがこのような内容について報道している番組はなかった。そのことについてここでふれておくことにする。より正確な金環日食の写真で，太陽と月の直径の比を手元の定規で測ると次のようになった。

　　太陽：月 = 4.2：3.8　　　　（1）

　これから，地球から月の距離と地球から太陽の距離のおよその比が予想できるのではないか？　下図のように単純化して考えてみると，月の半径が太陽の半径の半分で，地球から太陽までの距離の真ん中にいれ

資料9

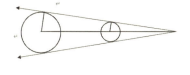
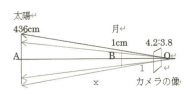

第9編　社会とつながる算数・数学探し

ば，太陽はちょうど月に覆われることになる。

　実際の太陽と月の大きさの比は，太陽の直径：月の直径＝436：1，太陽の直径は，月の436倍あるという。それでは，太陽と地球の距離：月と地球の距離の比はどれくらいなのだろうか？　言い換えると，月は太陽と地球の間のどの当たりにいるのだろうか？

　太陽は月に比べてとてつもなく大きい。しかし，金環日食の写真だけ見れば，太陽と月の比が4.2：3.8のようになっている。月はどうしてこんなに大きく見えるのだろう？

　この疑問を，算数を使って解決できないだろうか。これが今回の課題となる。直径436cm の円盤をカメラの位置 O から離して遠くの場所 A において，O の位置のカメラで撮ったら4.2cm だった。同じ線 OA 上のある場所 B に直径1 cm の円盤を置いて，O の位置で撮ったら，その像は3.8cm に見えた。1 cm の円盤を置いた位置 B は OA 上のどこにあるだろうか？　OA：OB の比を求めてみよう。

　OB＝1，OA＝x として，式をつくってみると，比例関係から

　436：x＝4.2：3.8，となり，x＝394.5，　　約395cm

　このことから，OA：OB＝395：1となり，月の模型を目から10cm 離れた位置に置き，太陽の模型は3950cm ＝約40m 先に置いたとき，カメラで撮った金環日食の写真と同じように撮れることとなる。

　地球から太陽までの距離は1 億5 千万 km で，地球から月までの距離は38万4 千 km なので，

　15000÷38.4＝390.625

となり，実際に，金環日食の写真を手元の定規で測って得られた値とあまり変わらないことがわかった。ここで扱った比例関係の式は，教科書の問題（資料10）の発展系である。

　「社会とつながる算数探し」では，算数をさらに現代の問題の中で捉え直そうとする。

　算数で学ぶ式や図形などは抽象的なもので，そのままでは役に立たな

第4章　金環日食を算数・数学の目で見る

いように見える。しかしこれら
の法則やきまりを身に付けてい
ると，複雑に見える社会や身の
回りで起こる現象が，算数で学
んだ式や図形で簡単に表現でき
ることに気付く。このことが算
数を勉強することのよさであ
り，人間の叡智を育む教科，数学の役割でもある。

資料10

❷ 高さが2mの棒のかげの長さは，3mです。このとき，かげの長さが12mの木の高さは，何mでしょうか。

（学校図書　6年下　P13）

事例2　私たちは厚さ50kmの空気の層の中で生きている？

　仮に東京駅と北極点とを結ぶ線上に沿って地球を平面で切ったとすると，その円周は40000kmであるという。

　このことから，地球の半径を求めると，円周＝直径×3.14　であるから，

　20000÷3.14＝6369.42675　となり，地球の半径は約6370km。

　宇宙に関する物語などで，よく資料11のような写真を見る。地球の周りを薄い空気の層が囲んでいる。これがあまりに薄いので，層がどのくらいの厚さなのだろうかという疑問が出る。そこで，まずはこれを物差しで測ってみよう。

　実際，写真から図を紙に写し，測ってみると紙に書かれた地球の半径は36.1cmで，輝いている空気の層と思われる部分は0.3cmだった。この比から，成層圏の実際の厚さを求めてみる（資料11）。

　資料11が示す約53kmというと，実際には対流圏（0〜11km）と成層圏（11〜50km）があるため，求めたものはそれほど間違った数値ではないようだ。ちなみに地表から100km以上を宇宙という。

　高さ50kmというと，地表での距離で考えると驚くほど短い。地図上でコンパスを使い自分の家から50km圏を描いてみるとわかる。

163

こうした距離に地球上のあらゆる生物が、その日その日を過ごしているのだと気付けば、SDGsの地球環境をもっと大切にしなければならないという考えにいたるだろう。

宇宙や地球といった、自分よりはるかに大きな事柄も、算数を使うと自分の力で比較的容易に知ることができる。思わぬ間違いをしてしまうこともあるが、情報化時代、与えられた情報が確かに正しいかどうかを自分の力で確かめてみることができるという体験は非常に大切である。そこから、算数をもっと勉強しようと思う子どもが育ってくれるとよい。

資料11

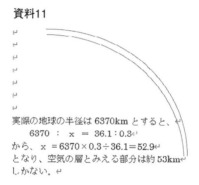

実際の地球の半径は6370kmとすると、
　　6370 ： x ＝ 36.1：0.3
から、x ＝ 6370×0.3÷36.1＝52.9
となり、空気の層とみえる部分は約53kmしかない。

第5章
曲線図形の相似—ティラノサウルスの大きさを実感する—

　合同，相似は小・中学校の算数・数学の中心的学習である。しかしながら，その範囲は直線図形のみである。身近な社会の中で見かける図形の多くは曲線図形である。ここでは，参考とする本に描かれている恐竜を基に，実物大の恐竜を作り出す課題に小学生がチャレンジする。

資料12

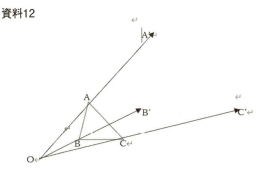

　点Oを相似の中心として，△ABCを1.5倍した相似な図形を描くには，OA:OA' = OB:OB' = OC:OC' = 1:1.5となる点をとって描けばよい。実際には，輪ゴムに1:1.5の印を付けて点Oを基点として，△ABCの各頂点を通ってOA，OB，OCの長さの1.5倍に伸ばした点をOA'，OB'，OC'として△A'B'C'をとればよい。これは，曲線図形についても当てはまる。元の曲線上の線上を移動させながら，拡大図の比率に合わせて輪ゴムを伸ばして線を描けばよい。

　この作業をしている子どもの様子が，右図（資料13）となる。図の上側に描いてある恐竜を輪ゴムを伸ばした先にある鉛筆を使い，拡大する恐竜を

資料13

第9編　社会とつながる算数・数学探し

資料14

電卓を使って、実際の大きさを計算させる。

資料15

資料16

描いている。

　次の図は本に描かれていたティラノサウルス。この絵を細かいマス目で，左の図（資料15）のように四角に区切り，切って，その1つを2人一組で担当し，模造紙上にそれぞれ拡大図を描く。

　クラス全員で各部分，部分の拡大図を描き，その模造紙を貼り合わせて実物大のティラノサウルスを作る。そうしてできた図が一番下の図（資料16）となる。

　体育館の壁一面がいっぱいとなる大きさであった（新しい算数研究2007年 No.433 2月号；東京都江東区砂町小学校にて。長期研究生・ゼミ生の支援のもと，蛭間芳伸先生と共同授業）。

　これは小学校の実践事例であるが，中学校では，放物線 $y=ax^2$ のグラフが係数 a の値に依らず，$y=x^2$ と相似となる例があり，これを体感的に知るには，2本の放物線を描いて，拡大図を描いてみればよい。

　$y=x^2$ と $y=2x^2$ で比べると，原点 O をもつ x，y 座標上で，

$y=x^2$ のグラフ①を描く。$y=2x^2$ のグラフ②が描けたとして，原点を通る直線 $y=px$ を引いて，その交点を求める。①との交点は，$px=x^2$ から，A(p, p^2)　②との交点は，$px=2x^2$ から，A'$(p/2, p^2/2)$

　したがって，直線 $y=px$ が①と②と交わるとき，

$OA = \sqrt{(p^2+p^4)} = |p|\sqrt{(1+p^2)}$

$OA' = \sqrt{(p^2/4+p^4/4)} = |p|/2\sqrt{(1+p^2)}$　から，直線の係数 p を任意に変えても，2つの交点の間には，

OA:OA'＝1:1/2＝2:1の関係が保たれる。

$OA = \sqrt{P^2+P^4} = 1P1\sqrt{1+P^2}$

166

第5章　曲線図形の相似—ティラノサウルスの大きさを実感する—

$$\mathrm{OA'} = \sqrt{\frac{P^2}{4} + \frac{P^4}{4}} = \frac{1}{2}\mathrm{P}\sqrt{1+P^2}$$

そこで，ゴム紐で一方を原点Oで押さえておき，OAの半分に印を付けてA'の点として，放物線 $y = x^2$ 上を動かすと，点A'の移動で放物線 $y = 2x^2$ のグラフが描けることになる。これは放物線の係数が2でなくとも，一般の $y = ax^2$ の放物線でも，比を変えれば同様のことがいえる。

資料17

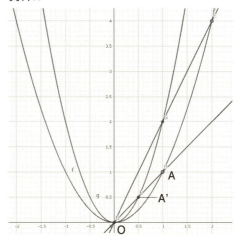

曲線図形の相似変換については，ゴム紐などの体験的な操作で比較的容易に作れるので，中学校の教材として，理に適っていると思われる。日常的には，円や楕円などでよく使われる。

ただ，注意すべきは，相似な三角形は対応する頂角の大きさは同じだが，曲線図形では，2つの相似な図形で直線図形の角に相当する曲線の曲がり方（曲率）が変化してくるので，その点の注意が必要となる。半径の異なる2つの円で考えると，これらはすべて相似だが，小さな円の曲がり方より，大きな円の曲率の方が小さくなる。円の場合どこの位置にあろうと曲がり方は一定（曲率が不変）なので，曲線図形の曲がり方を調べる物差しとして円を利用することができる。それを曲率円といい，その円の半径を曲率半径という。曲率＝1／曲率半径で表される。

次の資料18は埼玉県上尾市にある公園を俯瞰した図である。芝生の周りにジョギングコースがある。このコースの距離はどのくらいあるのだろうか。

資料18

　曲がり角（カーブ）が場所によって緩かったり，急だったりする。また，右回りだったり，左回りだったりする。そこで，このカーブに円（曲率円）を当てはめ，円弧の長さを求めてみる。左回りのカーブを正の曲率円で，右回りのカーブを負の曲率円として測る。

資料19

カーブの所を調べてみると次のようになる。

青い円のカーブは左回り
黄色の円のカーブは右回り

左回りの時はコースの左側を走り，
右回りの時はコースの右側を走る

　調べてみると，小さな右，左2組ずつの円はそれぞれ同じ円弧からなり正負で0となる。そこで，より大きな残りの4つの円を調べると各曲がり角のカーブに曲率円が接する角は4つとも90°になっていることがわかる。そこから，カーブの部分の距離は，4つの円それぞれの円周の

第5章　曲線図形の相似─ティラノサウルスの大きさを実感する─

1/4であることもわかる。これらの和と直線部分を足せば，このコースの距離が求められる。

　こうして曲線図形も教材の対象とすることができる。中学生にとっては難しい内容になるが，関数$f(x)$のグラフの上の点（x, y）の曲がり具合を，それに接する円の半径＝曲率半径rで表すと，rは次の式で表せる。

　$r = (1 + f'(x)^2)^{3/2} / |f''(x)|$

資料20

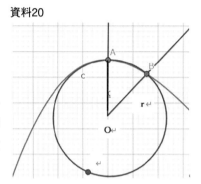

　この式は，次のようにして求めることができる。

　微分可能な関数$y = f(x)$上にA$(a, f(a))$をとる。これよりhだけ離れた点B$(a+h, f(a+h))$を取り，A，Bを通り半径rの円をつくる。それは，点A，Bを通る接線に垂直な直線（＝法線）をつくり，この2つの法線の交点をOとすると，半径rの円Oができる。

　ここで，hを0に近づけると，rが決まる。

　点A上でこの曲線に垂直な直線（法線）は，$y = -1/f'(a)(x - a) + f(a)$から，$(y - f(a))f'(a) = a - x$　①

　同様に，点B上の法線は，$(y - f(a+h))f'(a+h) = (a+h) - x$　②

　この2つの法線①，②が交わる点O(x_0, y_0)は，②－①より，
$\{(f'(a+h) - f'(a))/h\}y + \{f(a)f'(a) - f(a+h)f'(a+h))\}/h = 1$

∴　$y = 1/f''(a) + f'(a)2/f''(a) + f(a)$

$y - f(a) = 1/f''(a) + f'(a)2/f''(a)$

$x = a - (y - f(a))f'(a)$　これにyを代入すると，

$x - a = -f'(a)/f''(a) - f'(a)^3/f''(a)$

$r^2 = (x - a)^2 + (y - f(a))^2 = (1 + f'(a)^2)^3 / f''(a)^2$

∴　$r = (1 + f'(x)^2)^{3/2} / |f''(x)|$

169

第9編　社会とつながる算数・数学探し

第 **6** 章

緯度・経度から測る
地球上の２地点間の距離

　平面上の位置関係は，直交座標系上での x，y 座標によって知ること
ができる。現実では，これは何丁目・何番地という番地を使って知る。
そのとき，鉛直・水平の直交座標を使って表す方法と，１点を極として
半径の異なる円を描いて極座標として表現する方法もある。実際，北海
道の札幌では，きれいなマス目の道路で囲まれ，鉛直・水平の道路で場
所を知ることができる。

　高層ビルが立ち並び，複雑な地下道が張り巡らされている東京都内の
市街地では，平面から３次元空間の位置感覚の育成が必要となる。

　さらに，これが球面ではどうなるのだろうか。ここでは，数学の言葉
を使って球面上の感覚を身に付けることを考えてみよう。

　地球の中心から，北極・南極を通る軸をつくり，一方，中心を通って
この軸と垂直に交わる平面で地球の球面を切断してつくった，赤道を軸
とした球面座標をつくる。これが北緯30度，東経130度などという緯
度・経度になる。

　球面上の位置関係は，中心 O を通る x 軸，y 軸，z 軸を考え空間座標
を考える。たとえば，球面上の点 A (x, y, z) は，次頁の図（資料21）
で考えると，球の中心 O と点 A を通る平面で球を切断してできる円
（大円という）を描くと，この大円が中心 O と x 軸，y 軸を通る平面上
と交わる点 B とし，また，$x = 0$ となる y 軸上の点 p をとり，∠POB
をつくると，この角は経度ということになる。

　次に緯度であるが，これは平面 $z = 0$ から点 A がどのくらい北極へ
上がっているのかという観点から，∠BOA を緯度ということにする。
これによって，球の中心（0，0，0）を通り，相互に垂直に交わる平

170

面 xy 平面，yz 平面，zx 平面によってできる空間座標によって，球面上のすべての点の位置が，緯度と経度を使って表現できるようになる。

資料21

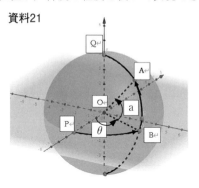

ここでは，点 A の座標は，∠POB = θ で経度を表し，∠BOA = a で緯度を表す。

（1） 円弧の長さと中心角の関係をラジアン（弧度法）で表す。

弧 AB の長さは，球の半径 r，大円 OAB 上で∠AOB = θ，この θ を弧度法で表すと，（$\theta° \times \pi/180 = \theta$ ラジアン）から，弧 AB の長さ d は，$d = \theta°/360 \times 2\pi r = \theta r$ で表される。

したがって，$\theta = d/r$ となる。

半径 $r = 1$ の単位球の場合，

$\theta = d$ となり，角の大きさは円弧の長さ（距離）となる。

（2） 緯度 a，経度 θ で表現される球面上の点の座標

半径 r の球面上で緯度 a，経度 θ として取った点 A の座標は，

A($r\cos(a)\cos(\theta)$, $r\cos(a)\cos(\theta)$, $r\cos(\pi/2 - a)$)

= A($r\cos a \cos\theta$, $r\cos a \sin\theta$, $r\sin a$)

ここで，$r = 1$ として単位球の場合ならば，

($\cos a \cos\theta$, $\cos a \sin\theta$, $\sin a$) と表せる。

171

(3) 球面上の点Cを通る2つの大円が交わってできる角度とは。

球面三角形ABCの角A，B，Cを考えるとき，その角度はどのようになるのだろうか。球面上の∠ACBとは，頂点Cで球と接する平面πをつくり，その上で，点Cを通り大円CA，CBに沿ってこの球に接する2つの接線CD，CEを引く。こうしてできた平面π上の角∠DCEが球面三角形ABCの点Cにおける∠Cとなる。

資料22

さらに，その角は，原点Oを通る座標平面$z=0$と大円CA, CBが交わってできる点をA'，B'とすると，上の平面πと下の平面$z=0$は平行になっているので，$z=0$上の∠A'OB'は，上の平面π上に作った角Cに等しくなる。

一方，半径の球面上にある球面三角形ABC上で，角Cに対応する弧ABの長さxはどのように表されるのだろうか。

弧CAの長さbは大円O-CA上での扇形から∠COA=b

同様に，aは大円O-CB上の扇形で，∠COB=a，

最後に弧ABの長さxに対応する扇形は大円O-AB上で，∠AOB=xとなる。

(4) 球面三角形の平行移動

ここでは，球面三角形上の2点A, B間の距離を考える。球の北極点を点C, 球面上の2点をA, Bとする。

点A，点Bの座標は，緯度a_A，経度θ_A，経度a_B，緯度θ_B　大円OA，OBが交わる北極点でのなす角をCとすると，

A($r\cos(a_A)\cos(\theta_A)$, $r\cos(a_A)\sin(a_A)$, $r\sin(a_A)$)

B($r\cos(a_B)\cos(\theta_B)$, $r\cos(a_B)\sin(a_B)$, $r\sin(a_B)$)

C(0, 0, 1)

この球面三角形ABCを，そのままz軸を中心として，左にCだけ回転して，点Aが座標平面$y=0$上に移動したら，点Bの座標はどのようになるのだろうか。点Aのy座標は0となり，Z座標は変わらない。x座標は，$\theta_A=0$となるので，

A($r\cos(a_A)$, 0, $r\sin(a_A)$)

B($r\cos(a_B)\cos(C)$, $\cos(a_B)\sin(C)$, $\sin(a_B)$)

C(0, 0, 1)

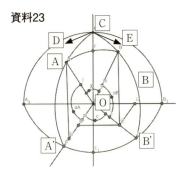

資料23

(5) 内積を利用して，2点間の距離xを求める。

弧ABの距離xを求めるために，内積を利用する。

$\vec{OA}\cdot\vec{OB}=|\vec{OA}||\vec{OB}|\cos\angle AOB$　　①

球面上の3点A，B，Cを考え，点Cを北極点へ，回転して，点Aを球の中心Oを通る座標平面$x=0$上へ移動する。そのときの点Bの座標は，(4)の結果から，

A($r\cos(a_A)$, 0, $r\sin(a_A)$)

B($r\cos(a_B)\cos(C)$, $\cos(a_B)\sin(C)$, $\sin(a_B)$)

C(0, 0, 1)

第9編　社会とつながる算数・数学探し

資料23は半径1の単位球上の球面三角形 ABC，∠DCE＝∠C，CD，CE は点 C を通り，大円 CAA'，大円 CBB' に接するベクトルとすると，∠DCE＝∠C

∠C＝∠A'OB' ともいえる。

大円 O－AB 上の弧 AB の距離を x とすると，

∠AOB のラジアン＝x

ここで，$r＝1$ の球を考えると，$|OA|＝1$，$|OB|＝1$

$OA \cdot OB = \cos(a_A)\cos(a_B)\cos(C) + \sin(a_A)\sin(a_B)$

ここで，∠AOB は，弧 AB＝x に対応しているから，∠AOB＝x

前頁の式①から，

$\cos(x) = \cos(a_A)\cos(a_B)\cos(C) + \sin(a_A)\sin(a_B)$

$x = \cos^{-1}(\cos(a_A)\cos(a_B)\cos(C) + \sin(a_A)\sin(a_B))$

これを扱い，身の回りの距離を Excel 等を使って求めことができる。

（6）　緯度，経度から地球上の2地点の距離を求めてみよう。

現在，小学校学習指導要領では，緯度，経度を教えることが決められている。地域によっては，学校のホームページで各学校の緯度，経度が掲載されているところもある。しかし，緯度・経度は地球の中心から出る角の概念を算数，数学を通して理解する必要があり，球面上の空間幾何の知識を学ぶ必要がある。昭和31年（1956）には穂刈教授が，球面三角形を数学演習講座の中で扱っている。しかしながら今日の学校では空間幾何，球面幾何についてはほとんど教えられていない。

　STEAM 教育が強調される今日，本論では球面幾何の視点から，緯度・経度を使って角度から距離を求める発想を学ぶことを提案する。

実際の地球は自転の影響で赤道方向に少し膨らんだ楕円体となっ

ている。　赤道上の半径＝6378km，北極南極間の半径＝6357（『地球図鑑』，平凡社，ユーキャン）。ここでは，両者の平均より赤道よりに近い6371kmを採用する。まず，地球上の2地点の緯度・経度からこの地点間の距離を計算するのに，誰でも計算したくなる身近な事例を挙げる。

富士山と埼玉県にある上尾市の愛宕神社との距離を求める。

	緯度	経度	ラジアン	緯度	経度
富士山	35.3605	138.7275	0.61715715	2.421251638	
上尾市愛宕	35.9773	139.5932	0.627922341	2.436360953	

富士山と上尾市愛宕との距離　緯度・経度から距離を求める

$$\cos(a_A)\cos(a_B)\cos(C) + \sin(a_A)\sin(a_B) = 0.9998205$$

$x = \cos^{-1}(0.9998205)$　これに地球の半径6371kmをかける

　富士山と上尾市愛宕との距離＝約121km

もう少しだけみながよく知る都市，東京とニューヨークの距離を求めてみる。

東京　　　　　緯度35.41°　経度　東経139.46°
ニューヨーク　緯度40.46°　経度　西経73.54°＝－73.54

ラジアン	緯度	経度
東京	0.618021088	2.434036175
ニューヨーク	0.706160215	-1.283515132
経度の差		3.717551307

$$\cos(a_A)\cos(a_B)\cos(C) + \sin(a_A)\sin(a_B)$$
$$= -0.520076838 + 0.375997729 = -0.144079$$

　acos$(-0.144079) = 1.7153786$

第9編　社会とつながる算数・数学探し

これに地球の半径6371km をかける＝約10,929km

【引用・参考文献】

1　穂刈四三二（元都立大学教授）『平面球面三角法』，共立出版，1956. 11.

2　市原一裕（日本大学文理学部数学科教授），牛島　顕（兵庫県立大学国際商経学部教授）『曲がった世界の三角形の定理たち−非ユークリット幾何学入門』，技術評論社，2024. 1. 1.

3　河瀬和重（国土地理院　測地観測センター）「球面三角法の簡潔かつ体系的な理解への試み」，https://www.gsi.go.jp/common/

4　『地球図鑑』，平凡社，ユーキャン．

第10編 学校変革期における教員養成の在り方
―教員養成において算数・数学教育に求められるもの―

第1章 今日の社会変容が教育に求めている課題

1.1 変容する社会の背景にあるものとは

Society5.0の時代に求められている学習とは何だろうか。「個別最適な学び」「協働的学び」「ICTの活用」「探究学習」「文理融合の推進」。これらは単なる情報化による技術革新の時代から，リアルとデジタル，フィジカル空間とサイバー空間とが高度に融合された社会への移行，VX（Virtual Transformation）をどう乗り越え生きていくのかに応えようとするものである。

さらに，今日の社会の変容を表現する多くの言葉が世界中であふれている。

　　XR（Extended Reality；Cross Reality）
　　AR（Augmented Reality；拡張現実）
　　VR（Virtual Reality；仮想現実）
　　MR（Mixed Reality；複合現実）
　　SR（Substitutional Reality；代替現実）
　　5R（Virtual Character の行動する世界）
　　VUCA（Volatility；不安定さ，Uncertainty；不確実性

Complexity；複雑性，Ambiguity；あいまいさ）

DX（Digital Transformation），教育 DX

VX（Virtual Transformation）

1.2 EBPM（科学的根拠に基づいた主張）

　今日の社会のように，グローバルに相互交流しながら変容する社会に
おいては，EBPM（Evidence Based Policy Making），すなわち科学的
根拠（エビデンス）に基づいた主張が大切である。

　このことを学校現場の言葉で表せば，「正しいものを正しいとし，間
違いを間違いとする」思考力・判断力・表現力の育成となる。

　しかし，個々の知識・技能を身に付けることを目指すだけでは，日々
変容を続ける現代社会に対応できない。この意味で，literacy（知識・
技能）で獲得したものが真に正しいものであるかどうかを判断する
competency（資質・能力）の育成が必要とされる。

1.3 Blended Learning, PBL（Project/Problem Based Learning）

　DX,VX の世界を生き抜くために旧来の知識伝達型の一斉授業から離
れ，Blended Learning（多様な学習を複合させた学習）が求められて
いる。それには，学習の動機付けやスキルの習得は，多様性をもつ児
童・生徒たちが多様な学習環境の下で，協働して学び合い，そうした
後，自らの知識の習得を e-learning 等を使いこなす中で，自立的かつ
自律的に進めていくことになるということではないか。

　変容期の学習形態として，さらに PBL（Problem／Project Based
Learning）が求められている。つまり，課題を探り出し，組み立てた
計画を自立・協働して学習し探究する学習形態が求められるということ
である。

　今日の変容期を生き抜くために，私たちは物事の基本をどのように定

義し，何を公理として認め，どのような理論をつくり上げ「生きる術」としていくのか。こうしたことを学校教育の中でつくり上げなければ，人々が相互に支え合って生きていく民主主義の根幹が失われ，今日世界で起きている民主主義の危機といわれる事態が悪化してしまうだろう。こうした事態を回避するためには，社会を単なる不確実性社会として捉えるだけでなく，「globalな情報システム社会」として捉えることが必要である。

ここでglobalとは，単に，人と人との交流というものだけではなく，リアルとバーチャルに情報が交流するDX，VXの中の情報システム社会を指す。それは単なる技能・技術の養成では対応できるものではなく，世界の各地域であたかも生命体の細胞（agents）のように支え合う一般市民とその子どもたちへの教育以外にはない。一般市民を対象とする〈地域の学び舎〉としての「学校教育，リカレント教育」のあり方が問われているといえる（平成29年（2017）年）。

資料1

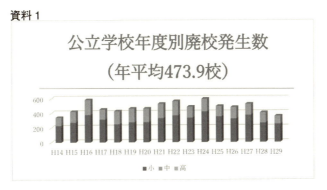

小学校1年のみ35人／1学級，後は，中学校3年まで40人／学級。この学級数で小学校では1学校6学級以下になると，統廃校の検討が開始される。この現象は工業化時代の「均質な製品の大量生産」的発想が招いたのではないか。今日の主体的・対話的，自立・協働を求める教育から考えると，ドイツのように1学級の人数を少なくしてもよい。上記のような現状は，教員の負担増にもつながり，教員志望者の激減，休職す

る教員の増加等が問題となっている。

　我が国の現状から考えると，各国から後れをとっており，日本の教育は危機的状況に行き当たりつつある（朝日新聞，2022.9.10）。

資料2

小学教員の採用倍率　最低

3年連続更新　既卒受験者が大幅減

文部科学省は9日、今年度に採用された公立学校教員の採用倍率を発表した。受験者の減少に歯止めがかからず、小学校は2・5倍と3年連続で過去最低を更新。高校は5・4倍で過去2番目、中学校は4・7倍で過去3番目に低かった。

　例えば，少子化の中，1学級の人数を変えないことによる廃校の増加，外国人の受け入れ体制，地域社会のリカレント教育，児童・生徒の学習意欲の減少への対処，旧体制から脱却できない学校教育・受験教育，教員の多忙と教育環境の整備……が課題となっている。こうした中，大切なのは，〈科学的コミュニティ〉をつくりあげる教員間の自律的な研究体制の確保ではないのか。

第2章
時代に対応する
算数・数学科教員養成のあり方

2.1 これからの算数・数学教育に求められるもの

　ICT を活用した Blended Learning，将来の数学を目指した「準備のための準備教育」をやめ，ICT を活用した体験的・体感的教育を目指すことが求められる。

　純粋数学の体系を小・中・高に分割し，高校では数Ⅰ，数Ⅱ，数Ⅲと下学年から上学年へ積み上げて実施していき，数学と疎遠になった学習者から徐々にコースを離脱していく。この現行のカリキュラム構成への反省がこれからの教育を考える際に課題となる。

　本書では，児童・生徒・学生たちが身の回りのものや社会で起きている現象に関心をもち，自ら考え，他者と協働し学び合える素材を取り上げてきた。この視点から算数・数学の教材を調べてみると，たとえば，小学校の「数と計算」を単に計算練習としてとらえるだけでなく，基数モデルとしてとらえ，割算の活用へつなげたり，分数の計算で約分をする際に，素数や素因数分解等にふれ，整数の仕組みが中学校の代数式の活用への素地となっていることを体感させる活動へつなげることができる。

　学習者にとって，今学習している算数・数学の内容が，「過去の学習のどこと結びついていたものか？」，また，「これから学ぶものはどこへつながっていくのか？」といった教材研究への道が拓けるとよい。

2.2 学校現場，教員養成系大学・学部における「科学的コミュニティ」づくり

　ICT を駆使した自立・協働の場をキャンパス内に構築し，学生同士

の「科学的コミュニティ」の場をつくり上げることはできないか。「科学的コミュニティ」の形成は，大学を越えて，学校現場，学会の研究会とつながり，「変容する時代」を乗り越える「科学的」意見交流，実践交流，研究発表の場となっていくことが期待される。

過去の体験からの具体事例

事例1　ICTを活用した自立・協働的学び

　2003年2月，埼玉大学附属中学校の生徒と群馬大学附属中学校の生徒間でスペースコラボレーションシステムによる遠隔教育を行った。関越自動車道を群馬側と埼玉側から走る2台の車の様子が画面上に映し出され，その車の速度などのデータを見ながらそれぞれの立場から，これらの2両の車がどこでいつ出合うかを，それぞれの生徒がお互いに協議し合い，自立・協働して解を求め合った。

資料3

遠隔教育を有効な教育メディアとするための実践的検証
― SCS（スペースコラボレーションシステム）を用いた検証授業 ―

資料4

町田彰一郎，	西谷　泉，	石原博之，	原田卓二，
埼玉大学，	群馬大学，	埼玉大学附属中学校	蕨市立中央小学校
福島みどり，	鈴木貴士，	村本健一，	
狭山台小学校	東京学芸大学連合大学院	清明学園中学校	

資料5

資料6

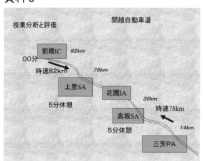

資料7

初めて出会った2つのグループが，共通の課題についてお互いの考えを遠隔で話し合いながら探究する。結果はほぼ正確な値となり，お互いのよさを確認し合うことができた。

資料8

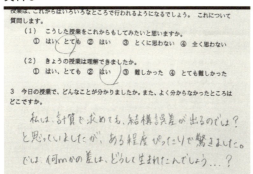

事例2　ICT を使った体感的数学教材―曲率

庭先に咲いている花，この花が使っているアルゴリズムを Scratch でプログラミングして描き出し，その構造を探ってみよう。

資料9

2歩進んで、1°曲がるカーブ

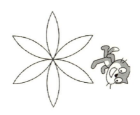

事例3　第4編3章3.3「カーブの曲がり具合を測る曲率」で扱った内容の発展

かつて関西で急なカーブと速度の問題から，脱線事故が起き，報道された。また，山間部の急な坂道での車の事故もよく話題となる。ここでは，直線図形の角に対応する曲線図形の曲率について，第4編の内容の発展的課題を述べる。

資料10

3歩進んで、2°曲がって出来るカーブ

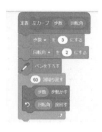

資料11

左図（資料11）は東京山手線の路線図である。中に1／2に縮小した図も併せて載せる。

ここで，以下のことを考える。

①山手線のどこが一番急なカーブだろうか
②曲線図形の相似とはどのようなものか

交通博物館にはカーブの曲率を示す標識がある。これによって曲率半径を知ることができる。また，Google Mapなどで環状線の画像を入手し，カーブに接する曲率円を描き，その半径を求めて調べることもできる。かつて文教大学で，以上の事例を援用し，学習課題として提示する

ことで，学生たちに探究授業を行ったことがある。以下の図（資料12-14）がその一部である。池袋－大塚間で半径＝25，品川－大崎間で半径＝15であった。

山手線の路線上に曲率円を置くと以下のようになった。

資料12

資料13

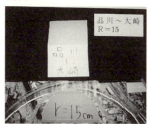

資料14

これらの構造を数学的に表現してみる。

資料15

中学校での教材として、
$y=ax^2$ のグラフと $y=x^2$ のグラフ
の相似について扱っているが、これは、
$x' \leftarrow ax$, $y' \leftarrow ay$ の変換により、
$y'/a = a(x'/a)^2$ から、$y' = x'^2$

から導かれるが、曲率半径を使うと、原点において、
$y=x^2$ は $r=1/4$ $y=ax^2$ は $1/(2a)^2$
から、$y=ax^2$ を x, y 軸方向へそれぞれ
a倍すれば、$y=x^2$ の曲率半径と同じくなる。

185

曲線y＝f(x)上の点(x,y)における曲率円の半径 *r(x)*

曲率は、$\dfrac{1}{r(x)}$

$$r(x)=\frac{\left\{1+\left(\frac{dy}{dx}\right)^2\right\}^{\frac{3}{2}}}{\left|\frac{d^2y}{dx^2}\right|}$$

滑らかな曲線上の点で接する円を描く。　＜体感的な理解＞

$(x-a)^2+(y-b)^2=r^2$　　　①
$2(x-a)+2(y-b)y'=0$
$(x-a)+(y-b)y'=0$　　　②
$1+y'^2+(y-b)y''=0$　　　③

②、③より、x-a、y-bを求め、①に代入、
r を求めると、

$$r(x)=\frac{\left\{1+\left(\frac{dy}{dx}\right)^2\right\}^{\frac{3}{2}}}{\left|\frac{d^2y}{dx^2}\right|}$$

この他、通常の接線・法線による曲率の求め方も提示し、学習者
に選択させる。

　このような自立・協働的学習を通じて，数学の体験的・体感的な学習
形態を身に付け，最終的には e-learning の形で，体験した学習の中に
潜む数学の学習へと臨むことができる。

　こうした体験的・体感的協働学習の後に，ネット上に掲載された，数
学の曲率，曲率半径の問題に取り組み，自立的理解へと進んでいくとよ
い。これからはデジタル機器を傍らに置き，以下の試みが求められるだ
ろう。

（1）　変化に対応して生きる人間のための Blended Learning（自立・
　　　協働，文理融合）の学習環境をつくる。

（2）　ICT 環境下での Experimental Mathematics（実験的，体験的，

体感的）学習。

　以上の学習の後に，自ら体系的に数学を学ぶ場を，デジタル教科書や
ネット上の講座に設定できるようにするとともに，教育に携わる者たち
がそれらの具現化のために，少人数による地域の「学び舎」としての学
校，リカレントスクールの場としての学会の活動等を検討できるとよ
い。

【引用・参考文献】

1　町田彰一郎「科学的数学教育とは—変容期に即した新たな数学教育を作る」，数
　学教育学会　2022 年度春季年会 Organized Session B, 2022. 3.

経　歴

著者：町田彰一郎

学歴：東京教育大学（現筑波大学）理学部数学科，慶応大学工学部管理工学修士課程，博士課程中退

職歴：筑波大学附属高校教諭，和光大学人文学部助手，埼玉大学教育学部教授，同大学大学院修士課程教授，東京学芸大学連合大学院博士課程教授，文教大学教育学部教授　同大学大学院修士課程教授

現在：埼玉大学名誉教授

著書：

『21世紀の学校数学への展望』（共著：誠文堂新光社），『教育情報学入門』（編著者，培風館），「数学教育学序説上」（共著：「整数への試み」「幾何への試み」，ぎょうせい），『数学教育学序説下』（共著：「現代化の反省と新しい試みへの模索」「数学の学習とパーソナルコンピュータ」，ぎょうせい），『法則・公式・定理雑学事典』（共著：日本実業出版社），「中学校の数学」（共著：『12巻　確率と統計』，国土社），『現代算数・数学講座4　コンピュータと電卓の活用』（共著：「BASIC プログラミングの実際」「より複雑なプログラミング」「パソコンの教育利用のために」，ぎょうせい），「中学生の数学ライブラリー」（シリーズ中2冊：3「確率の目」，33「影の幾何」，岩崎書店），「講座　教科教育：数学科教育　中学校・高校」（共著：「5章　教育機器の利用」，学文社），「教材ソフトと実践事例　算数・数学編」（編著者：ホープクリエイト），『パソコンと数学教育　その利用と限界』（編著者；みずうみ書房），『教材ソフトと実践事例　入門編，基礎編，算数・数学編』（編著著：ホープクリエイト），『学校でつかえるパソコンシリーズ』（著者：3巻「数のマジック」，8巻「ロゴであそぼう」），『日本数学教育学会編　高度情報

通信社会における学校数学の新たな展開』(編集主任：分担 「高度情報通信社会の進展と数学教育研究の諸課題」，教育出版)，「算数・数学教育論集」(『埼玉大学退官記念号，埼玉県算数数学教育研究会協議用テキスト　第22集』)，『なぜ，その人は「計算」が「速い」のか』(著者：東洋館出版社)，『和英・英和　算数・数学用語活用事典』(編著者：東洋館出版社)，『日本の「数学教育」の源流を探る』(著者：三省堂書店)，他多数

論文： 4大学数学教育研究会，日中，日独，日米，日仏数学教育研究会を経て，ICME（米国，カナダ，オーストラリア，フランス，イギリス，デンマーク開催）国際会議での発表，情報システム学会，新しい算数研究会（新算研）雑誌，明治図書雑誌連載，日本数学教育学会論文発表会，研究大会，数学教育学会春季年会，秋季例会，夏季研究会，冬季研究会等の発表論文，紀要原稿等多数

カスタマーレビュー募集

本書をお読みになった感想を下記サイトにお寄せ下さい。レビューいただいた方には特典がございます。

https://www.toyokan.co.jp/products/5835

変容期を生きる児童・生徒を育てる算数・数学

2025（令和7）年3月27日　　　初版第1刷発行

著　者：町田　彰一郎
発行者：錦織　圭之介
発行所：株式会社　東洋館出版社
　　　　〒101-0054　東京都千代田区神田錦町2丁目9番1号
　　　　　　　　　　コンフォール安田ビル2階
　　　　代　表　電話03-6778-4343　FAX 03-5281-8091
　　　　営業部　電話03-6778-7278　FAX 03-5281-8092
　　　　振　替　00180-7-96823
　　　　U R L　https://www.toyokan.co.jp

装丁・本文デザイン：藤原印刷株式会社
印刷・製本：藤原印刷株式会社

ISBN978-4-491-05835-1　／　Printed in Japan